JN439041

꿈꾸는 작은 새

꿈꾸는 작은 새

1판 1쇄 발행 | 2017년 3월 29일

지은이 | 김자인
발행인 | 이선우
펴낸곳 | 도서출판 선우미디어
등록 | 1997. 8. 7 제305-2014-000020
02643 서울시 동대문구 장한로12길 40, 101동 203호
☎ 2272-3351, 3352 팩스: 2272-5540
sunwoome@hanmail.net

값 12,000원

※ 잘못된 책은 바꿔 드립니다.
※ 저자와의 협의하여 인지 생략합니다.

이 도서의 국립중앙도서관 출판예정도서목록(CIP)은 서지정보유통지원시스템 홈페이지(http://seoji.nl.go.kr)와 국가자료공동목록시스템(http://www.nl.go.kr/kolisnet)에서 이용하실 수 있습니다.(CIP제어번호: CIP2017007722)

ISBN 89-5658-496-6 03810
ISBN 89-5658-497-3 05810(PDF)
ISBN 89-5658-498-0 05810(E-PUB)

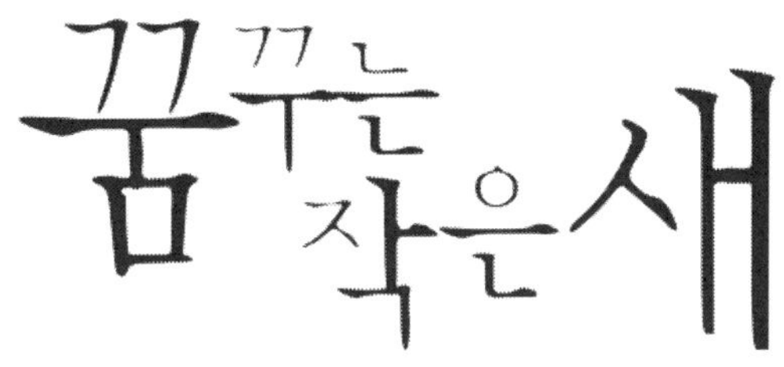

김자인 테마에세이

선우미디어

책을 내면서

내 안의 소리에 귀 기울이며

첫 수필집 ≪그땐 정말 미안했어≫를 출간하고 10년 만에 다시 글을 엮는다. 오래된 글은 시효가 지나 더러는 보완하며 재탄생했어도, 부끄럽기는 마찬가지다.

글을 쓰다 보면 잠시 가던 길을 멈추고 자신을 돌아보게 된다. 그 시간이 있어 깨달음을 얻고 성찰할 수 있는 계기도 되었다. 다양한 삶의 체험을 형상화하려고 노력하지만, 써놓고 보면 그게 그거 같고 언제나 미완성된 그림 같아 수필 쓰기가 어려운 것을 새삼 실감한다.

글의 성격은 편지에 대한 글과 생활 글, 배움, 만남, 헤어짐, 여행, 음식이야기, 나의 삶 나의 문학 등으로 꾸몄다. 삶의 뜨거운 한순간을 지나온 이야기는 시계처럼 고단했지만, 즐거운 시간이었고 새로운 도전으로 이어졌다. 그동안 침잠되어 있던 내면의 빛깔을 쓰면서 좀 더 나은 세계를 경험할 수 있었다. 내 안에서 나는 소리에 귀 기울일 수 있어 흐뭇했다.

격월간지 ≪그린 에세이≫에 〈김자인의 집 밥이 좋다〉를 연재하면서 음식에 대한 글이 늘어나게 되어 한 장르를 차지한다. 밥을 할 때 정성 들여 뜸들이는 시간이 필요하듯, 글도 완성도를 높이기 위해 오랜 시간 숙성 과정이 필요한데 설익은 밥을 내놓는 건 아닌지 염려스럽다.

언어는 마음속에서 우러나오는 소리이며 문장은 언어의 정수라고 했다. 글이 넘쳐나는 세상에 가장 나답고 깨달음을 얻는 글, 공감하고 소통하며 감동을 주는 글쓰기를 소망해 본다. 조금이나마 세상을 따뜻하게 만들고 싶다는 마음과 함께 이 책을 읽는 독자들에게 힘과 용기, 희망을 주었으면 좋겠다.

지금까지 나를 지켜봐 주신 분들과 평설을 써주신 김우종 교수님, 처음 문학의 길로 이끌어주신 고故 서정범 교수님께 감사드린다. 아울러 책을 엮어주신 선우미디어 이선우 사장께도 고마움 전한다.

2017년 3월

김자인

| 차 례 |

책을 내면서

1 또 다른 시작을 위하여
-꿈과 도전

2 무엇이 되어 다시 만나랴
–만남과 헤어짐

3 또 하나의 풍경
–여행

4 봄, 그 어울림의 향기
–집밥이 좋다

5 나의 삶 나의 문학
—내 삶의 향연

김자인 수필평설

1

또 다른 시작을 위하여

[테마] **꿈과 도전**

이 봄, 손편지 감동선물 어떨까요

얼마 전 길가의 빨간 우체통을 철거해야 한다는 기사를 읽었다. 한 달이 지나도 이용하는 사람이 없어 내버려둘 수 없다는 내용은 왠지 모르게 서운한 감이 들었다. 그런 우체통이 전국적으로는 상당한 숫자인 것 같았다. 이메일을 쓰면서부터 점점 줄었다고 하니 우리의 정서가 메말라 가는 것 같아 조금은 씁쓸하다. 이해는 하면서도 공연히 서운해지는 것이다.

나는 학창시절에 편지와 엽서를 쓰면서 기다림의 정서를 배웠다. 학교에서 돌아오다가 우체국 앞에 서 있는 빨간 우체통을 만나면 든든하고 반가웠다. 늘 그 자리에 있을 것 같고 기다려 줄 것만 같은 어머니와 비슷한 존재감을 거리의 우체통에서 느끼곤 하였다. 가까운 문구점에서는 엽서나 우표를 팔고 있어 필요할 때 가면 되었고, 우체국 근무 시간 외에도 이용할 수 있어 좋았다.

누군가를 그리워하는 숱한 사람은 편지를 기다리며 자기 마음을 글로 표현했다. 펜을 꾹꾹 눌러가며 정성 들인 흔적이 편지지에 나열되면 그것만으로도 흡족했다. 먼 고향으로 또는 그리운 사람에게 즐거움을 선사할 수 있다는 흐뭇함이 우체통을 향해 걸어가는 시간에도 종종걸음을 치게 하였다. 이제는 디지털 시대에 아날로그가 밀려 점점 사라지는 편지와 우체통이 안타깝다.

지난해 연말엔 귀한 편지 두 통을 받았다. 내 책을 읽은 독자들이 보내온 편지였다. 그중 한 편지는 한지에 세로로 써내려간 붓글씨였는데 조선 시대 임금에게 써 보냈을 법한 상소문上疏文이나 임금이 내린 교지敎旨 같은 형식의 긴 글이었다. 글자 한 자 한 자에 새겨진 정성에서 그 사람을 알 수 있어 마음이 짠했다. 그녀는 붓을 들어 편지 쓰는 시간이 행복했다고 했다. 가슴이 먹먹해질 정도의 깊은 울림에 눈물이 핑 돌았다. 또 다른 편지는 사흘간 특별한 여행을 했다는 내용이었다. 편지지 석 상 분량의 글은 행간의 숨결까지 그대로 느껴져서 내가 앞으로 얼마나 잘 살아야 하는지, 암묵적으로 전달받는 느낌이었다.

두 편지 모두 찡한 여운으로 기쁘면서도 과연 내가 이렇듯 귀한 대접을 받을 자격이 있는 사람인지 많은 생각을 하게 했다.

나도 편지 쓸 때는 성의를 다한다고 하지만 이만큼의 정성을 들이지는 못한다. 재주도 없지만 바쁘기도 하고 쓰는 대상에 따라 많은 생각과 시간을 투자해야 해서 공들이기가 쉽지 않았다. 따뜻한 마음만 전달하면 되는 줄 알았는데 내게 온 편지를 통해 그동안의 나를 돌아보게 한다.

내 성의 부족한 편지에 감동했다던 원로작가 ㅈ선생님은 몇 년 뒤 "편지의 정성을 아직도 간직하고 있어요." 하며 연락을 하셨다. 편지 상자를 정리하다가 내가 보낸 편지를 다시 꺼내 읽었다며 "흔들리지 말고 오로지 마이웨이 하라." 일러주셨다. 한 통의 편지가 주는 울림이 부메랑처럼 돌아와 또 다른 기쁨을 안겨준 일이었다.

우리 집엔 가족의 편지가 꽤 여러 통 있다. 오래전에 우리 부부가 서로에게 보낸 편지, 지금은 장성한 아들 둘이 부모에게 보낸 편지, 큰 며느리가 결혼하기 전 내게 보낸 편지, 여섯 살인 손녀가 "할아버지 할머니 사랑해요."라고 쓴 편지 등이 그것이다. 그때마다 자신을 표현한 내용이라 귀하게 여겨지는데 기분이 언짢을 때 내 마음을 표현한 글도 있어 다시 읽어보면 '이런 때가 있었구나.' 하는 감회에 젖는다.

특히 작은아들이 고등학교 때 내게 보낸 편지는 큰 울림으로 다가온다. 그날은 공부 때문에 의견충돌이 있던 날이었다. 밤늦도록 다투다가 저도 울고 나도 울고 내 방으로 왔었다. 사춘기 때라 걱정을 많이 했는데 다음 날 아침 학교에 가면서 내민 것이 편지였다. 그걸 받아든 순간 찡한 전율이 흘렀다. 새벽 두 시에 내 방으로 왔는데 편지는 언제 썼는지, 퉁퉁 부은 눈이 밤새 한잠도 못 잔 것 같아 애잔했다. 어머니가 걱정하는 것만큼 나쁜 아이가 아니라는 내용에 "엄마 사랑해요."를 두 번씩이나 써넣어 읽으면서 내내 눈물 흘렀다. 그 편지 덕분으로 밤새 벌어졌던 아이와 내 사이가 별일 없이 지나갔다.

그때는 가끔 두 아들에게 쪽지 편지도 썼다. 자식에게 강한 애정 표시는 맛있는 음식을 먹이는 것도 중요하지만, 어머니 마음을 담은 편지도 먹이는 것 못지않다는 생각에 그랬는데, 잘 먹혀들어간 것 같다. 그때 편지들을 이다음에 아들 둘이 다시 읽어본다면 코끝이 찡할 것이다.

요즘 우리는 첨단 문명의 결정체로 채워진 삶을 살고 있다. 이메일, SNS, 카톡, 문자메시지 등이 편지와 청첩장을 대신하고 있다. 인터넷 검색 하나로 수많은 정보를 얻고, 스마트폰으로 엄청난 양의 데이터를 구축할 수 있는 시대에 살고 있다. 각종 공과금 고지서도 문자로 보내오고, 전국이 일일생활권에 들어가면서 편지가 점점 멀어지는 생활패턴으로 우체통은 잠을 자게 되었다. 하지만 진정 마음을 전하고 싶다면 편지만큼 큰 위력은 없다. 손수 쓴 사연은 보낸 이의 정성과 진실이 담겨 있어 읽는 이에게 큰 감동을 주기 때문이다.

이 봄 누군가에게 따뜻한 편지 한 통 써보는 것은 어떨까, 가족끼리 또는 어긋났던 지인에게 손수 쓴 편지를 보낸다면 우체통도 살아나고 답신은 부메랑처럼 날아오지 않을까. 따뜻한 말 한마디의 육필肉筆 사연은 되로 주고 말로 받는 기쁨도 있어 감동은 서로에게 큰 선물로 배달될 것이다.

(2014. 3. 26. 조선일보)

또 다른 시작을 위하여

마음이 허전하거나 배움의 갈증을 느낄 때면 공부가 하고 싶었다. 물을 주지 않아 소들해진 화분에 물을 주면 생기가 살아나듯 굳어 버린 내 정신의 뿌리에 영양을 주어 자양분을 흡수하고 싶었다. 그런 생각들이 길게 뿌리내리자 더 늦기 전에 실행에 옮기고 싶었다.

4년 전 겨울, 아무도 몰래 원서 준비로 혼자 들떠 있다가 합격통지서를 받고는 입가에 미소가 번졌다. 하지만 좋아하는 내 감정과는 달리 가족 모두는 시큰둥했다. 등록금을 조달해야 하는 남편에게 미안한 생각이 들어서 등록을 차일피일 미루고 있었다.

한데 갑자기 119에 실려가 병원에 입원하는 바람에 산통이 다 깨지게 되었다. 그동안 멀쩡했던 몸에 갑자기 적신호가 온 것이다. 신이 있다면 공부하지 말라는 계시인가 싶어 단념했다가, 쓰러져도 다시 일어나는 오뚝이를 생각했다. "그래, 안 되더라도 시도는 해봐야지, 등록해도 시간이 있으니까 그때까지는 병이 낫겠지." 병실에서 혼자 중얼거리며 가방 속에 넣어둔 등록금 고지서가 생각나 집에 가는 남편에게 가방 좀 갖다 달라고 부탁했었다.

그리고는 등록 마지막 날 아침 입원실에서 출근하는 남편에게 고지서를 내밀었다. "오늘이 학교 등록 마지막 날인데 어떡하지?" 볼멘소리하는 나에게 "몸이 이래가지고 학교는 무슨 학교~?" 좋은 말을 기대하지는 않았지만 그 말 한마디에 마음이 곤두박질쳤다. 간호사가 휠체어를 밀며 검사실로 데려가도 풀기 없는 무명천이 된 나는 종일 풀이 죽어 있었다. 진즉에 할 걸, 아쉬움과 후회가 교차했지만, 병원에 있으면서 병명도 모른 채 검사만 계속하고 있었으니 답답한 노릇이었다.

만감이 교차하던 하루가 지나고 어느새 날이 어두워졌다. 퇴근해서 돌아올 시간이 지났는데도 남편은 연락도 없이 병원에 나타나지 않았다.

'그러면 그렇지, 며칠을 병원에 와서 잠자고 출근하는 것도 애가 타는데 학교까지 다니겠다니 속이 상하겠지. 그래서 어딘가에서 술 한잔하겠지. 언니가 늘 내게 말했잖아, 사람이 하는 일 억지로는 안 된다고. 운이 따라주어야 하고, 인덕이 있어야 한다고. 아깝지만 포기할 수밖에 없겠다. 아니야, 그래도 난 할 거야, 이것이 마지막 기회일지도 몰라.'

마음은 혼자서 널을 뛰고 있었지만 뾰족한 방법이 없었다. 하필 이 중요한 시기에 왜 나에게 이런 일이 일어나 병원에 있어야 하는 건지 속상할 뿐이었다. 그래도 궁금하여 남편에게 전화를 걸었다.

"나 지금 당신 책 타러 교보문고에 와 있어."

그 한마디가 왜 그리도 따뜻하게 들려오는지. 그동안 봇물처럼 가둬두었던 미움이 한순간에 녹아내렸다. 진종일 어둡고 편치 않았던 마음에 갑자기 환한 불이 켜졌다. 눈물이 핑 돌았다.

창밖은 이미 어둠이 내리고 나는 병실에 앉아 그의 영상을 실루엣으로 좇고 있었다. 한참 만에 나타난 그는 착한 일을 한 사람처럼 씩 웃었다. 손에는 서점의 쇼핑백이 들려 있었다. 퇴근 후에 저녁도 거르고 교보문고에 가서 교재를 받아온 것이었다. 그런 남편이 그렇게 고마울 수가 없었다.

사실은 온종일 병원에서 성을 쌓았다 허물었다가를 반복하며 지냈다. 침상에 누워있으면 천장은 고속버스에 앉아있는 것 같은 속도를 내며 내달리고, 일어나거나 누울 때면 눈을 뜰 수 없을 정도로 앞이 캄캄했다. 어지럼증 때문에 질식할 것만 같은 시간 속에 나흘 동안 병명도 모르고 이것저것 검사만 계속하고 있었다. 그런 차에 그가 내민 등록금 영수증은 반가움 그 자체였다.

그렇게 해서 시작한 방송대는 내게 희망이고 빛이었다. 학년이 올라갈수록 공부하는 재미가 쏠쏠해지고 활력소가 되었다. 방송강의를 들으며 동아리에 가면 천차만별의 학우들과 정보를 교환하며 함께 있는 시간이 큰 기쁨이었다. 돋보기를 쓰고도 칠판의 글씨가 잘 보이지 않아 애를 먹었지만 다들 얼마나 열심이던지 그 열기 속에 촉수 하나 담그고 있음이 뿌듯했다. 일인 다역을 해내며 공부하는 것이 힘들었지만 뒤늦게 호강한다 생각하니 놓친 열차를 탄 기분이었다.

학교생활을 하면서부터는 가족에게 늘 미안했다. 작은아들이 먼저 결혼해서 다섯 살짜리 손녀가 있는데,

"엄마 내일 태희 좀 봐 줄 수 있어요?"

"어떡하냐, 나 시험공부 해야 하는데."

"에구~ 알았어요."

사부인이 아이를 돌보고 계시지만 외출할 일이 생기면 내가 봐주기도 한다. 하지만 시험을 코앞에 두고 있으니 어쩔 수 없이 아들의 요청을 거절해야 했다. 그럴 때마다 많이 미안했다. 지난 9월 큰아들도 장가보냈다.

"어머님, 시험 언제 보세요."

명랑한 큰며느리가 시험 기간에 오지 않으려는 배려임을 잘 알기에 날짜를 알려주면 "어머님 공부하시라고 저 일부러 전화 안 드려요. 파이팅 하세요." 하면서 힘을 실어주었다. 작은며느리도 "어머님, 또 시험이세요. 성적 잘 나왔어요? 대단하세요." 하며 내게 격려를 아끼지 않았다. 쉬는 날에도 내 일정에 맞춰야 하는 남편도 가끔 투덜대며 강짜를 부리기도 했지만, 시험장까지 태워다 주거나 "네 엄마 컴퓨터 잘되는지 한번 봐 줘라. 후회하지 말고 어서 들어가 공부해." 하며 텔레비전도 줄이고 은근히 외조를 해주었다. 이런 가족을 생각하면 힘이 되고 위안이 되었다.

가을이면 알곡을 거둬들이고 과일도 풍성하다. 넉넉한 그 열매들이 하루아침에 자라나거나 열매를 맺은 것이 아니지 않은가. 모진 비바람

과 태풍을 견뎌내고 이루어낸 결과물이기에 나도 참고 인내한다면 단물 나는 과일이 되고 창고에 알곡이 쌓이듯 내 안의 창고가 조금은 풍성해지지 않을까, 늦은 나이에 삶의 빈 터전을 채워줄 수 있는 공부를 하고 있으니 얼마나 다행인지. 하루하루가 귀하고 소중한 시간 앞에 감사할 뿐이다.

어쩌면 지금 이 순간, 내 인생 최고의 시간을 보내고 있는지도 모른다. 맞이하는 시간이나 보내는 시간이 다시 올 수 없기에 공부하는 시간이 더없이 귀하고 소중하게 여겨지는 것이다.

어느새 나는 4학년, 기말고사도 끝나고 이제 졸업을 앞두고 있다. 잠시 현훈병으로 고생했지만 건강도 바로 회복되었다. 처음 공부를 시작했을 때는 학교를 마칠 때까지 한 집안의 장손 며느리와 아내, 어머니, 할머니 역할에 학생 신분까지 다 잘해낼 수 있을까 걱정되었지만, 힘든 고비를 견뎌내고 마무리할 수 있어 뿌듯함이 인다. 노력한 만큼의 대가와 시들었던 식물이 수분 빨아들인 것을 생각하면 흐뭇해진다. 동동거리며 여기까지 걸어온 노정의 시간이 열매를 맺을 수 있어 고맙다.

최고의 자리보다는 남을 배려하며 최선을 다하는 사람으로 살자고 오늘도 나에게 다짐을 한다. 또 다른 시작을 위하여 새해에도 나는 끊임없이 노력하고 도전할 것이다.

(2013. 1. 7 방송대신문 신년특집)

꿈꾸는 작은 새

꿈은 현실로 나타났다. 늘 그리움을 안고 살았던 학문의 틀 안에서 공부하게 되자 목적을 위해 최선을 다하는 나 자신을 발견하게 되었다.

만학도의 대학 4학년이 되었을 때 공연히 아쉽다는 생각이 들었다. 어느 날 학교 홈페이지에서 홍보모델을 모집한다는 내용을 보고는 망설이다가 무작정 원서를 냈다. 지원 동기에 정성 들이고 사진도 그럴듯한 것을 골랐다. 유명 배우만큼 잘생긴 얼굴은 아니지만, 내 나름의 고개를 끄덕이게 하는 사진이었다.

합격자 발표가 있는 날 떨리는 마음으로 홈페이지를 열었다. 1차 서류 전형 20명의 합격자 명단에 내 이름이 있어 깜짝 놀랐다. 나도 모르게 두 손이 얼른 입을 가렸다. 학교 모델이 되고 싶었던 젊은 학생들이 많았을 텐데, 좀 미안한 생각이 들었기 때문이다. 합격을 염두에 둔 것이 아니라 체험을 바탕에 둔 것이었는데 1차에 합격하고 보니 2차 시험이 은근히 걱정되었다.

2차는 카메라 테스트 및 면접시험이다. 1차에 합격한 20명의 학생이 면접을 보기 위해 대학로 학교 홍보실에 모였다. 늘씬하고 잘 생긴 선남 선녀들을 보자 나는 부끄럽기도 하고 주눅 들어서 그냥 나오고 싶었다. 그들은 젊은 얼굴에 건강미와 웃는 여유가 날개를 달아준다면 어디든 날아갈 수 있는 모델 감이었다. 그에 비해 나는 작은 키에 나이가 주는 위화감, 심리적인 부담에 자꾸만 위축되었다. 이를 눈치 챈 담당 여직원은 내가 쓴 지원 동기를 읽고 직원들이 감동했다는 말을 전해주어 조금 위안이 되었다.

사무실에 앉아 면접을 기다리는 동안 마음속에선 수많은 욕망의 부스러기가 소용돌이쳤다. 세탁기 안에 넣은 빨래처럼 어지럽게 도는 생각의 뿌리는 새처럼 날고 싶은 욕망을 자꾸만 내리눌렀다. 그냥 갈까, 공부할 시간도 부족한데. 가족의 반응은 또 어떨까. 내 잠재의식 속에 일어서려는 세포들을 하나하나 억누르며 새로운 일에 도전장을 낸 것이 잘한 일인지. 자신에게 되묻는 사이 호기심은 은근히 도수를 높여갔다.

세 사람씩 2층으로 올라가라는 소리가 들렸다. 한 사람이 저만치 앞에 있는 무대 위에 오르면, 나머지 두 사람은 한참 이쪽에 앉아 기다려야 했다. 다들 뽑히기 위한 연기자가 되어 포즈를 취했다. 드디어 내 차례가 왔다. 학교 세미나실 무대 위에 세워진 나는 심사위원 세 분 질문에 다소곳이 답하면서도 쑥스럽고 떨려왔다. 첫인상이 마지막 인상이란 말을 되새기며 성실하고 소박한, 있는 그대로의 모습을 보여주고 싶었다. 속일 수 없는 것이 인품이고 사람 됨됨이여서 되도록 차분한 이미지, 좋은 인상을 남기고 싶었다.

"자, 웃으세요. 조금 더 밝게, 팔짱 한번 껴 보세요."

심사위원들의 질문은 이어지고, 대낮인데도 낯선 조명등에 카메라는 계속 나를 향해 셔터를 눌러댔다. 마치 영화나 드라마를 찍는 여주인공처럼 여러 사람의 눈 세례를 받고 있었으니 내가 나에게 놀랐다.

배우가 자신이 맡은 배역에 온 힘을 기울이듯 나도 질문에 충실하며 환한 표정의 연기자가 되었다. 잠깐의 시간이 무척이나 길게 느껴졌다. 마지막 지원 동기 질문에 "이런저런 경험과 좋은 글을 쓰기 위해 체험을 쌓고 싶어 응시하였다"고 대답했다. 그 말이 떨어지자마자 "○○이 참 좋으세요."라는 감독 교수의 말이 들려왔다. 내 귀를 의심했지만 싫지 않았다.

우리는 살아가면서 그때그때 하지 않으면 영영 돌아올 수 없는 강을 건너고 만다. 그것을 위해 미리 준비하는 것도 있고, 그것이 운명처럼 다가오기도 한다. 그것이 무엇이든 열심히 하다보면 기회가 되어 어느 순간 내게 다가왔을 때 자신감이 생긴다. 그렇지 않을 경우엔 기회도 위기가 되어 후회와 낙심이 이루 말할 수 없게 된다. 내겐 그것이 새롭게 도전한 홍보모델이었다. 경험을 통해 새로운 세계를 체험해보고 싶었다.

2차 합격자 발표가 있는 날 열 명 뽑는 명단에 내 이름이 있었다. 면접을 본 후에 "○○이 참 좋으세요."란 말이 귓가에 맴돌았는데 그게 합격을 말해준 거였나 보다. 알 수 없는 기대감과 호기심, 떨림 속에 생각지도 못했던 학교 홍보모델이 그렇게 해서 시작되었다.

13만 학우에게 배달되는 학교 신문 1면 첫 기사에 얼굴이 몇 번 나가고 나니 전혀 연락 두절이었던 지인도 친구도 "나도 영문과에 다녀요. 나, 교육학과야." 반색하며 전화가 왔다. 조선일보 1면 첫머리에 학우들과 찍은 사진이 나가자 친구, 지인들의 전화, 문자, 메일이 왔다. 신문의 위력이 대단하다는 걸 실감하며 행사용 영상물을 찍는 날이었다. 웃는 연습을 미리 해도 굳어 있는 내 얼굴이 쉽게 풀리지 않았다.

내가 맡은 역할은 인터넷 화면을 보며 역대 총장의 얼굴을 클릭하고 웃으면서 고개를 끄덕이는 장면이었다. 감독은 터져 나오는 웃음을 지시했지만, 원하는 웃음이 나오지 않자 나를 위해 스태프들이 일제히 '싸이'라는 가수의 말춤을 추기 시작했다. 그걸 보고 웃으라는 신호에 나도 모르게 "호호, 하하" 웃음보가 터져버렸다. 인위적 웃음이 아닌 실제로 터져 나오는 웃음이었다. 갑자기 말춤 추던 사람들도 봇물 터지듯 웃음보를 터트리며 말처럼 뛰고 있었다.

앙코르와트에 갔을 때 툭툭(오토바이처럼 생긴 인력거)에서 흘러나오던 그 노래와 춤, 툭툭에 탔던 우리 일행이 말춤을 추기 시작하자 그곳 사람들도 웃으며 따라 추던 춤, 요즘 세계인들이 선호하고 제일 많이 추고 있다는 말춤, 나를 웃기기 위해 스태프들이 그 춤을 추고 있으니 자제력을 잃은 웃음이 절로 나왔다. 그렇게 해서 오케이 사인이 떨어지자 휴~ 한숨이 나왔다.

다음 장면을 찍으러 학교 건물 옥상으로 올라갔다. 이번엔 장난감 같은 무인 카메라(드론)가 작동하여 멀리 공중에 떠서 내게 가까이 다가왔다가 멀어지며 사진을 찍고 내려갔다. 순간의 찰나를 찍기 위해 여러 번 자세를 취하고 다시 찍고 해서 완성되어 학교 홍보용 영상물로 만나면 쑥스럽기만 했다.

경험해 보지 않은 세상은 누구에게나 두렵다. 어쩌면 보이지 않아서 더 아름답게 느껴지는지도 모른다. 하지만 사람이 무언가를 추구하고 그것에 매달려 있는 시간은 아름답다. 공부하는 학생이든 가정주부이든, 운동선수이든 새로운 것에 도전하고 주어진 일을 열심히 하는 사람들은 활기가 넘친다. 홍보모델을 같이 하는 젊은이들에게서 그런 활기를 느끼며 카메라 앞에 서면 다시 올 수 없는 시간에 충실해지려 애썼다.

사람들은 말한다. 이제 이 세상 어디에도 신대륙은 없다고. 하지만 자신의 분야에서 남이 가지 않는 길을 걸어간다면 우리의 신대륙은 얼마든지 만날 수 있다고 본다. 새로운 발견, 새로운 생각, 새로운 도전이 신대륙이 아닐까, 경험을 통해 새로운 세계를 체험해보고 싶었다.

지금까지 내가 체험했던 도전은 용기가 있어야 했다. 문학 공부를 할 때도 그랬고, 늦은 나이에 대학 원서를 낼 때도, 홍보모델에 응시할 때도 용기가 필요했다. 때론 어려움이 따르기도 했지만, 그것과 맞대결하고 난 후엔 많은 것을 알게 되었고, 자신감이 따른다는 걸 체험하였다. 도전은 또 다른 목표를 심어주고 그것을 위해 최선을 다하려는 열정이 있다. 좋은 씨만 뿌려두고 가꾸지 않으면 잡초만 우거지듯이 겸손하게 내 안의 뜰을 가꾸는 일도 게을리 하지 말아야 할 것이다.

내가 홍보모델이 된 것은 아마도 학교 특성상 중장년층이 필요했을 것이다. 공부하기도 바쁜 시간에 긍정적인 사고와 무엇이든 할 수 있다는 자신감이 주는 적극성의 행보였다고 할 수 있겠다.

꿈은 현실로 나타나고, 도전은 용기와 새로운 세계로 안내하는 마력이 있다는 것을 홍보모델을 통해 알았다. 최고보다는 최선을 다하는 사람으로 꿈꾸는 작은 새의 날갯짓을 계속하고 싶다.

(2012.)

내가 웃는다

지난 4년을 돌아보면 나는 내 인생에서 가장 귀하고 값진 시간을 보냈다고 할 수 있다. 환승역에서 지하철을 갈아타듯 가정주부의 일상에서 학교라는 틀의 기차를 갈아탔기 때문이다. 깊은 파장의 울림은 살아 있다는 기쁨, 알아간다는 희열을 선물 받았다. 이젠 내려야 할 종착역이 디가오는데도 배짱 좋은 아이처럼 열차에서 내리고 싶지가 않다. 기차 안에서 보는 풍경에 흠뻑 빠져서이다.

어려서는 기차 타보는 것이 늘 동경의 대상이었다. 멀리서 수인선이 달리는 것만 봐도 신이 나고 그걸 타보면 또 다른 세상이 있을 것만 같아 기다리곤 했었다. 그러나 기차는 나를 태우지 않고 혼자서만 내달리기 일쑤였고, 세상은 저만치 앞서가고 있었다.

결혼하여도 기차 타고 여행 가는 기회는 오지 않아 마음은 늘 역전 근처를 서성거렸다. 동그마니 앉아 있던 역전 풍경, 점점 멀어지는 기차는 늘 그리움의 대상이었다. 그 그리움이 잊힌 것은 아이들이 장성하여 나의 곁을 떠나고 난 후에야 비로소 놓쳐버린 시간의 열차를 탈 수 있어 가능했다. 드디어 벼르기만 했던 공부라는 여행을 시작하게 된 것이다.

학교에 다니고 싶은 욕망은 오래전부터 품고 있던 나의 꿈이고 희망이었다. 그 꿈은 나이 들어도 수그러들지 않고 오히려 빳빳한 풀처럼 일어서기만 했다. 고향이 그리운 사람처럼 나이와 상관없이 공부할 수 있는 한국방송통신대학교가 있어 마음은 늘 그쪽을 향해 있었다. 결정을 내리고 나서 원서 접수 후 합격 문자를 받고는 뛸 듯이 기뻤다. 이제 와서 무슨 공부냐는 가족들의 반응을 아랑곳하지 않고 보따리 하나 달랑 들고 뒤돌아보지 않고 기차에 올랐다.

막상 미지의 세계로 출발하는 기차에 몸을 실으니 두려움이 앞섰다. 험난한 산악등반을 앞둔 사람처럼 멀고 아득하게 느껴졌다. 눈과 귀, 마음을 열어 열심히 하다 보니, 시나브로 젖어드는 이슬비처럼, 촉촉한 습기를 빨아들인 스펀지처럼 공부에 젖어들었다. 어렵긴 하나 재미가 여간 쏠쏠한 게 아니었다. 기차를 타고 가다 보면 새로운 풍경에 가슴 벅차고 나도 모르게 탄성을 지를 때가 있다. 다양한 사람들과 정보를 교환하며 젊은이들과 어깨를 나란히 한다는 자체가 큰 기쁨이고 삶의 활력소가 되었다.

그런데 장손의 맏며느리 역할과 집안의 이런저런 일들이 나를 기다리고 있어 만만치 않았다. 두 마리 토끼를 잡으려는 내 속셈을 알아차리기라도 하듯 내 발목을 잡기 일쑤였지만, 마음을 다잡았다. 특히 암으로 생의 마지막을 가고 있는 언니의 병간호는 시작부터 편치 않았다. 공부하는 자체가 호사라는 생각이 들었지만 끝내 포기하지 않았다. 지난해 언니는 먼 세상으로 떠나가고 나는 다시 마음 추슬러서 마지막 피치를 올리고 있다.

우리의 삶은 하루에도 몇 번씩 선택해야 하는 갈림길에 서 있다. 밥은 무얼 먹을까. 어떤 옷을 입을까. 어떤 사람을 만날까. 이걸 할까 말까, 그 모임에 나갈까 말까 등으로 애꿎은 시간을 보낸다. 할까 말까에 골몰하다가 시간을 허비한다. 그럴 땐 해보고 후회하는 쪽이 나을 것 같아 될 수 있으면 해보는 쪽으로 선택하는 편이다. 어차피 해도 후회, 안 해도 후회하는 것인데 해보고 나면 마음이 훨씬 가벼워서이다.

한 가정의 며느리와 아내, 두 아들의 어머니, 손녀의 할머니가 되어 있는 지금, 공부를 안 했으면 어쩔 뻔했나 싶을 정도로 인생 후반의 선택을 잘했지 싶다. 시들었던 식물이 물기를 머금어 생기가 도는 것을 생각하면 공부라는 그릇 안에 촉수 하나 담그고 있음이 흐뭇한 일이었다.

공부는 맛을 알면 맛있는 음식을 먹는 것처럼 여러 가지 맛이 그대로 느껴진다. 꼭꼭 씹어 먹을수록 자꾸자꾸 먹고 싶은 충동을 책 속에서 교수의 강의에서 느끼게 된다. 그것을 기차 타고 여행한다 여기고 호강한다 생각하면 기쁨과 보람은 저절로 따라온다. 새로운 지적 호기심을 유발하게 되고, 그 앎의 틀 안에 갇혀서 나오기 싫은 것이다. 늙은 쥐가 쇠뿔 속에 저절로 들어가듯, 공부 역시 스스로 그 안에 젖어들어 몰입해 있으면 그 맛에 흥건히 취하게 되는 것이다.

중국 장가계를 여행하다 보면 수만 리 길 낭떠러지 절벽에 통유리 엘

리베이터를 타고 오르면 아찔한 전경을 직접 보게 된다. 몸이 오싹할 정도로 무서움과 감탄이 절로 나오는데 그 관문을 통과하고 나면 두고두고 그날의 전경이 눈에 선하고 잊히지 않는다. 공부 역시 열심히 하다 보면 나도 모르게 무릎을 탁! 치며 감탄할 때가 있다. 그것에 매달려 있다 보면 정말 좋은 경치를 구경하게 된다.

1학년 때의 어려움 속에 시작한 여행이 어느새 졸업을 눈앞에 두고 있다. 그동안 베틀에 북 나들듯 동아리에 가서 공부하며 천차만별의 학우들과 어깨를 나란히 하고 지낸 시간이 어제 일처럼 떠오른다. 물속에서 보이지 않는 발을 계속 내저어야만 앞으로 나갈 수 있는 오리처럼, 힘든 시간을 걷고 뛰고 종종걸음으로 여기까지 달려왔다. 몸은 고단했지만 최선을 다했다.

높은 산에 올라보면 나도 해냈다는 자부심이 저절로 생기는 것처럼 이제 인생 후반을 자신감으로 시작하고 싶다. 견문도 넓히고 배움도 얻은 그 상쾌함에 저절로 기분이 좋아진다. 가끔은 생의 간이역에 혼자 앉아서 기차를 기다리는 상상을 한다. 미지의 새로운 세계에 대한 도전의 그 기다림이 있었기에 오늘의 내가 있는 것이 아닐까. 요즘은 그동안 배운 가르침에 자신을 비춰가며 깨달음을 얻고 감탄하고 있다. 잃어버렸던 시간을 되찾아 희망 캐는 시간을 살고 있다.

이순이 넘은 나이에 학교라는 기차를 타고 공부라는 여행을 한다. 기차도 달리고 기쁨도 달린다. 그 안에서 내가 웃고 있다.

(2012.)

그날

올케의 칠순에 친족이 모여 오찬을 함께했다. 양쪽 집안 합쳐서 40명이 넘었다. 축하 인사가 오가고, 떡 케이크에 촛불이 춤췄다. "사랑하는 언니의 생일 축하합니다."

음악에 맞춰 손뼉을 치는 친인척 앞에 올케의 눈이 그렁그렁했다. 이를 지켜보던 일가들 눈에도 눈물이 핑그르르 돌았다.

올케는 오라버니를 만나 우여곡절의 삶을 살았다. 딸 둘을 낳고 살다가 이런저런 갈등으로 해서 친정으로 가버렸다. 시골 동네 소문은 연기처럼 금세 이웃으로 솔솔 퍼져나가 온 동네가 쑥덕거렸다.

불편한 관계로 몇 년이 흐른 뒤 나와 전화로 심한 말다툼까지 했다. 서로의 주장만 내세운 결과는 점점 균열이 많아지고, 마음속에 굵은 생채기만 내고 말았다. 그해 연말에 나는 올케에게 사과의 편지를 보냈다. 아이들과 떨어져 살아야 하는 심정을 헤아려 옹졸했던 마음을 풀고 가벼운 마음으로 새해를 맞이하고 싶어서였다.

삭연한 시간을 보냈을 올케는 "아가씨, 정말 고마워요."라며 눈물이 나도록 고맙다고, 나보다도 더 뜨거운 사과의 편지를 보내왔다. 마음을 열어 처음부터 끝까지 눈물로 쓴 편지에 나 역시 감동하고 말았다.

"우리 가족을 한시도 잊어본 적이 없다. 눈물이 앞을 가려 더는 쓸 수가 없다."라는 내용에 연민의 정이 솟구쳤다. 나의 친정 대문 빗장은 늘 열려 있었는데도 한번 떠나간 시집에 들어오기가 그렇게 어려웠을까. 그래도 재가하지 않고 일편단심이었다는 현실이 고맙고 기뻤다. 나는 이 사실을 어머니께 알리고, 언니와 의논하여 어떻게 하든 올케를 오라버니와 만나게 해주고 싶었다.

궁리 끝에 인천 사는 올케를 서울 우리 집으로 오게 했다. 맛있는 찬을 만들어 잔칫상처럼 준비하고, 어머니, 오라버니, 형부, 언니도 우리 집으로 오시게 했다. 오라버니에게만은 비밀로 하였다. 옆방에 미리 와 있던 올케를 나오게 하자 오라버니의 황소 같은 눈이 휘둥그레졌다. 뜻하지 않은 상황에 불쑥 나타난 올케를 보고 오라버니는 할 말을 잃은 듯 아무 말도 하지 못했다.

무거운 침묵이 한참이나 흘렀다. 누구보다도 당사자인 오라버니와 올케의 심정이 어떨까. 미루어 짐작만 할 뿐, 아무도 섣부른 해명을 하지 않았다. 어설픈 대화가 이어지고 사위 둘도 눈치를 보며 말을 거들었으나, 홀쳐맸던 매듭은 쉽게 풀리지 않았다. 무엇으로 꽁꽁 언 가슴을 녹일 수 있을까. 혹여 인연의 고리가 툭! 끊어지면 어쩌나 조마조마했다. 착한 오라버니가 먼저 입을 열었다. 이런 자리를 마련해준 동생들에게 고맙다고 했다. 그것만으로도 안심이었다.

나는 미리 각본을 짜놓은 사람처럼 차려놓은 상에 밥을 내놓았다. 맥주잔을 채우고 "위하여! 잘 살아 보세!"를 외치며 누구랄 것도 없이 잔을 높이 들어 함께 부딪쳤다. 마치 아무 일도 없던 사람들처럼 어설픈 분위기가 괜찮았다.

어머니는 서울까지 오셨으니 큰딸 네 집에 다녀가는 건 인지상정이었다. 그렇게 해서 그날 밤 올케는 어머니, 오라버니와 함께 공릉동 언니네 집에 가서 하룻밤 묵었다. 그곳에서 좋은 시간을 보낸 이튿날, 행복한 결말로 끝나는 영화처럼 다 함께 시흥시의 친정집으로 내려갔으니 내가 만든 이벤트는 대성공이었다.

헤어진 지 7년 만에 엇길을 가던 샛길에 종지부를 찍고, 부부의 연을 다시 맺은 것이다. 두 사람의 인연이 다시 맺어지리라곤 누구도 상상 못 했다. 그 다리를 놓아준 것이 내가 올케에게 쓴 자신을 낮춘 편지와 올케가 내게 보낸 사과의 편지 덕분이었다.

그 감쪽같은 시간이 어느새 30여 년이 훌쩍 지나갔다. 그리고 지금까지 동네에서 잉꼬부부로 행복하게 잘 살고 있으니 올케가 흘리는 눈물의 의미를 그 자리에 모인 친지들은 이해하고도 남았을 것이다.

나는 잠시 어머니의 뒷모습에 뜨거운 눈물이 흘렀다. 밤이면 칭얼대며 엄마 찾는 어린 손녀를 업고 서성거리던 어머니, 엄마의 빈자리가 할머니 마음을 더 아프게 해서 그 아이가 잠깐 잠들어도 내려놓지 못하셨다. 금방 깨어 울어서 이불에 이마를 묻고 졸린 눈을 비비며 끌탕만 하셨다. 그 조카가 어느새 중학생 아들을 둔 40대 중반을 넘어섰고, 서성이던 어머니는 아슴푸레한 실루엣의 영상으로 그리움만 남겨 놓았다.

올케는 오라버니를 바라보며 "여보~, 사랑해요." 하며 애교 있게 웃었다. "두 딸과 사위가 너무 잘해서 나 이제 행복해요."라며 스스럼없이 말하는 걸 보면 분명 행복의 여신이 찾아온 것 같았다. 오라버니를 얼마나 사랑하는지 요즘 젊은이들 못지않은 발효된 애정 표현으로 모인 친족을 웃겼다.

나훈아의 '모르고'를 감정을 넣어 부르면서 평소와는 다른 표정으로 오라버니 얼굴을 바라볼 때는 눈빛이 서로 점화되어 따뜻한 기류가 흘렀다. 누가 시킨 것도 아닌데 자진해서 2절까지 부르는 올케는 못하는 술도 한잔 했겠다, 그동안 녹록지 않았던 삶의 파노라마를 펼치고 있었다.

"이별의 눈물을 흘려보고 나서야/ 사랑의 진실을 알았네/ 사랑은 유리잔 깨어질까 봐 두렵고/ 사랑은 카멜레온 변할까 봐 무섭고/ 나는 몰랐네 나는 몰랐네/ 아픈 줄 나는 몰랐네."

젖은 눈을 지그시 감고 아파했던 시간을 토해내며 부르는 노래는 올케를 대변하고 있어 울컥 눈물이 솟았다. 그 여운이 꽤 길었다. 그동안 혼자 살며 해소될 수 없는 감정의 카타르시스를 안고 살아왔을 올케는 위로받고 싶은 시간에 옹이진 속마음을 진하게 나타내며 지난 시간을 더듬는 것 같았다.

칠순은 뜻대로 행하여도 도리에 어긋나지 않는다는 나이로 종심從心이라 하고, 고희古稀라고도 한다. 고희를 축하해야 하는 건지 모르겠지만, 난 그 자리에 있는 올케가 한없이 고마웠다.

"언니! 그때 내게 보낸 편지 기억나요?"

"나 기억 안 나~."

대답하며 쑥스럽게 웃었다. 그 마음 내가 왜 모르랴, 그때 올케가 보낸 편지는 내가 받아본 편지 중에 가장 감동을 준 내용으로 지금 다시 읽어도 눈시울이 뜨겁다.

눈물은 마음속에 억압된 응어리다. 약간의 염분과 다량의 수분이 응집되어 있다가 몸 밖으로 배출되는 옹이라고 할 수 있다. 그 옹이를 배출하면 몸속의 노폐물이 나온 것처럼 시원하고 건강에 좋다고 한다.

사람마다 속 타는 연기 보이지 않고, 흘리는 눈물도 제각기 다르지만, 그날 올케가 흘린 눈물은 단순한 슬픔이 아닌, 기쁨과 보람의 눈물, 고빗길을 걸어온 인생 승리의 값진 눈물이었다. 그것이 행복의 눈물인 것을 그날 모인 친족은 다 알고도 남는다.

(2014.)

해피할머니

10여 년 전에 구연동화를 배운 적이 있었다. 유치원에 나가기 위해 준비한 구연동화는 생각한 것만큼 쉽지 않았다. 낯가리는 아이처럼 어색해하며 교육장에 가보니 내 나이가 제일 많았다.

대학 유아교육과 학생들과 배우는 목소리 연기는 발성법부터 발음, 표정 연기까지 해야 하는 어려움이 따랐다. 동화를 외우는 일은 하겠는데 목소리 연기는 쉽지 않았다.

선생님은 거울을 보며 열심히 연습하라고 일러주셨는데 알려준 대로 발성 연습을 해도 시원치 않았다. 얼굴 근육 풀어주기, 표정 연기, 복식 호흡이 중요하다고 했는데 배운 내용대로 연습해도 원하는 목소리와 표정이 나오지 않았다. 가장 효율적인 방법으로 즐거운 수업을 만들기 위한 노력의 대가라 생각하니 열심히 하지 않을 수 없었다. 마음에 들지는 않았지만, 그런대로 봐 줄 만해서 다음 교육 날까지 동화 한 편의 숙제는 한 셈이었다.

선생님은 나이 많은 나를 곧잘 앞에 세워 발표하게 하셨는데 처음엔 쑥스러워서 시선을 어디에 두어야 할지 몰랐다. 나이 많아도 열심히 한다는 걸 보여주기 위함이었다는 걸 나중에 알았지만, 그 덕에 개작한 동화도 열심히 하였다.

개량 한복을 단아하게 입은 그분은 구연동화의 대가로 동화를 직접 쓰고 가르쳐 주셨는데 목소리 연기나 표정 연기를 얼마나 잘하시는지 정말로 어린이 같아 부럽기만 하였다. 어느 날의 목소리는 또르르 굴러가는 빗방울이 되었다가 구름이 되고, 해님이 되었다가 무지개가 되기도 하였다. 목소리를 조절하며 때론 강하게, 약하게 느리고 빠르게, 아주 즐겁게, 슬프게, 화난 목소리, 웃으면서 부드럽게 등등 수업에 빠져들면 나도 어린이가 된 것처럼 즐거웠다.

기왕이면 내가 쓴 동화로 연습하면 어떨까 하여 '우리는 가족'이란 동화 한 편을 써서 보여드린 적이 있었다. 선생님이 괜찮다고 칭찬해 주셔서 내가 쓴 동화로 발표하고 표정 연기와 목소리 지도를 받았다.

그리고는 한동안 예절 공부와 글쓰기, 학교 공부, 이런저런 일들로 구연동화는 까맣게 잊고 살았다. 2011년 연말, 실버넷뉴스 취재차 지인으로부터 한 사람을 소개받았다. 이름을 알려주었을 때 어디서 많이 들어본 듯해서 혹시나 했는데 역시 그분이 맞았다.

알려준 번호로 전화를 거니 아리따운 소녀 같은 목소리가 유선을 타고 들려왔다. 그 선생님 맞구나 하는 걸 직감적으로 느끼고 "예전에 제가 소장님께 동화를 배운 적이 있었어요." 말씀드렸더니 놀란 토끼가 되어 반가워하셨다.

그날 오후로 약속하고 어린이대공원 앞에 있는 선생님 댁을 방문하였다. 아니나 다를까 버선발로 내달듯이 나를 맞으시는 선생님은 오래전에 만났던 구면으로 손을 잡고 반가워서 어쩔 줄 몰라 하셨다.

집안으로 안내한 거실은 아늑했다. 햇빛 창가 원탁에 마주앉은 우리는 아주 오랜 지기처럼 이야기를 주고받았다. 말씀 도중에도 간간이 구연동화를 들려주시며 내가 그때 계속했더라면 지금쯤 지도자가 됐을 거라고 많이 아쉬워하셨다.

그분이 운영하는 동화연구소와 도서실, 작업실도 안내해 주셨는데 작업실 진열장에는 구연동화에 필요한 소품들이 가득했다. 소품도 직접 만들어 쓴다고 하나하나 꺼내 보여주며 그에 맞는 동화를 일일이 들려주셨다. 어떻게 그 많은 원고를 달달 외워서 즉석에서 들려주시는지 감동이었다. 일흔이 다 되어가는 연세에도 소녀 같은 목소리며 즐거워하는 표정은 사람이 어떻게 살아야 하는지를 보여주는 것 같아 마음이 절로 여미어졌다.

사진 한 장 찍어야겠다고 부탁하니까 금방 어린애 같은 포즈를 취하며 웃음 지으신다. 종이로 만든 구연동화용 장갑과 긴 모자(역시 종이로 만듦)를 쓰고 어린아이처럼 웃으신다. 그 표정이 너무나 밝고 귀엽다.

어쩌다 가족끼리 언성이 높아지면 "우리 왜 살지? 행복해지기 위해서 살지. 그렇다면 왜 언성을 높이지?" 하며 서로 쳐다보고 웃으신단다.

전혀 나이를 가늠하기 어려운 그분은 요즘 해피할머니로 불린다고 한다. 가는 곳마다 웃음과 기쁨을 주니 해피할머니란 명칭을 듣는 것 같다.

우리는 한세상 살면서 많은 사람과 만나고 헤어진다. 언제 어느 때 어떤 사람을 만나느냐에 따라 자신의 운명이 달라질 수도 있다. 좋은 사람들과의 어울림은 은은한 꽃향기처럼 그 향기에 절로 매료되기도 한다.

해피할머니는 말 그대로 행복 전도사 같았다. 단아한 모습만으로도 많은 여성의 로망이 될 텐데, 동화연구소를 직접 운영하며 구연동화가로 동화작가와 지도자로 계속 공부하며 봉사도 열심히 하신다. 얼마 전부터 수필공부도 하는 그분의 끝없는 도전과 열정에 큰 박수를 보내고 싶다.

지금 이 글을 쓰면서도 나이를 가늠하기 어려운 해피할머니의 애교 넘치는 목소리가 들려오는 것 같다.

"우리 왜 살지? 행복해지기 위해서 살지, 그럼 왜 언성을 높이지. 호호 하하하."

(2011.)

뒤태의 조화

예지원에서 예절 수업을 마치는 날 수료생들이 단체로 한복을 입었다. 교육 과정의 마무리로 내빈들 앞에서 시연해야 한다니 같은 색으로 맞춰 입었다. 한복의 기본색인 하늘색 저고리에 남색 치마, 옷고름은 자주색을 달았다.

머리는 쪽머리를 하거나 올림머리를 하여 우아하게 만들었고, 패션쇼에 나가는 사람들처럼 바투서서 옷매무시를 만져주었다. 서로 화장을 고쳐주며 앞태와 뒤태의 모습도 살펴보며 여럿의 마음이 한껏 달떠있었다.

바르고 단정한 몸가짐으로 지도하는 선생님의 지시에 따라 내빈께 절을 올렸다. 절은 자신을 낮추고 상대방을 높이는 존경의 의미가 담겨있어 공손한 마음으로 예를 올리는 것이다. 공수한 다음, 평절을 시작으로 큰절, 앉은절, 반절, 남자 절을 다소곳하게 하면서 마음속으로 하나둘,

셋, 넷의 박자를 세었다. 평소 절을 배울 때도 경망스럽지 않도록 하라는 선생님의 지시가 있었지만, 빨리하거나 너무 느리지 않도록 큰 흐름을 파악하기 위한 내 나름의 방편도 있었다.

절이 끝나고 돌아 나올 때의 걸음걸이도 어떤 의식을 치르는 사람처럼 조심조심 걸었다. 예절을 발표하고 프레젠테이션까지 해야 하는 과정은 시험 보는 것과 마찬가지여서 다 끝날 때까지 가슴이 콩닥거렸다. 다들 한복을 입었으니 차분하고 음전하게 하면서 서로가 눈빛으로 신호를 보내고 자신이 만든 자료를 컴퓨터에 입력하여 화면을 넘기며 발표했다.

우리 민족은 슬프거나 기쁜 날에 늘 한복을 입었다. 처음 세상에 태어나서는 배냇저고리를 입었고, 돌잔치나 성년의 날 행사에 한복은 빠지지 않았다. 결혼식이나 폐백을 드릴 때, 회갑연에도 한복을 입었고, 유명을 달리했을 때도 고인은 '수의'를 입고 가족은 상복을 입는다. 상복은 주로 우리 민족의 상징인 흰색 옷을 입었으나 생활양식이 조금씩 변천해 왔듯이 요즘 들어 장례식장에서 검은색의 간소한 상복을 입는 경우도 많아졌다.

나는 가끔 어떤 행사가 있을 때나 가까운 친척의 결혼식이 있을 때는 한복을 입는다. 머리까지 해야 하는 번거로움이 있지만 좋은 날에 한복을 입는 것은 상대방에 대한 예의이기도 하고, 미욱한 나를 가르치는 교훈이 담겨있기도 해서이다. 어딘지 모르게 옹졸했던 마음도 넉넉해지고 서운했던 감정도 사라져 버린다.

경희대 크라운관 소극장에서 하객을 모셔놓고 수필 낭독을 할 때가 있었다. 연쑥색 저고리에 커피색 치마가 잘 어울리는 것 같아 즐겨 입었다. 낭독이 끝나고 단상에서 조용히 뒷걸음쳐 나갔더니 이를 본 친구가 모양새가 참 곱다고 했다. 큰 무대 위에서 객석을 바라보며 많은 눈동자가 나를 바라보고 있다고 생각하니 시선은 물론, 걸음걸이와 모양새에 신경 쓰여서 여간 조심스럽지 않았던 것이다.

설날에 한복을 입고 절을 하거나, 사대부 집안에서 한복을 입고 예를 갖추어 살던 이유도 전통적인 면도 있었겠지만 함부로 살지 않겠다는 다짐도 있었을 것 같다. 격식에 맞는 옷은 그 사람의 품위와 맵시를 아름답게 하는 중요한 요인이 되기도 하지만, 한편 잘 살아야겠다는 마음가짐도 있기 때문이다. 그래서인지 내 경우 한복을 입으면 행동부터 조심스러워진다.

우리의 자생 옷인 한복은, 남자는 바지저고리와 여자는 치마저고리를 입는다. 기원과 유래는 정확히 전해지지 않았으나 마름새와 입는 방법이 다른 나라에서는 찾아볼 수 없고, 이제는 그 아름다움이 세계적으로 널리 알려져 각종 행사에서 빛을 발하고 인기를 끌고 있다.

여자의 한복은, 속바지, 속치마, 치마, 속저고리, 저고리, 버선 순서로 겉으로 드러나지 않는 속옷을 잘 입어야 그 흐름의 맵시가 난다. 치맛자락이 왼쪽으로 오도록 해야 하고, 치마를 몸 앞으로 당겨서 내려 입어야 한다. 걸을 때는 버선에 고무신을 신고, 왼쪽으로 여민 치맛자락을 끼고 걸어야 우아하게 보인다.

남자의 한복은 겨울철에는 솜옷, 봄과 가을에는 겹옷, 여름에는 홑

옷을 입는다. 평상복으로는 집에서 바지저고리, 조끼, 마고자를 입고, 여름철에는 고의적삼에 홑조끼를 입고, 버선이나 양말을 신고, 대님을 맨다. 외출할 때는 반드시 두루마기를 입고 의례를 행할 때는 되도록 도포를 입고 유건을 쓴다. 바지저고리만 입고 외출, 방문하거나 의례를 행하는 것은 실례라고 한다.

예전에 선조들은 대다수 흰옷을 입었으나 왕실, 귀족, 양반 계급은 관복으로서 오색찬란한 비단옷을 입었다. 지금은 평상복에 밀려나 결혼식장의 양가 부모님이나 친척들, 신혼부부의 예복으로나 볼 수 있는 옷이 되었지만, 전통한복 패션쇼에 가 보았을 때나 가끔 세계적인 행사에 한국 사람이 입고 나오는 한복을 영상물로 보면, 그 멋스러움이란 세계적이요 자랑할 만한 것으로 가슴이 뭉클해지기도 한다. 치마의 잔주름이나, 옷고름, 앞섶의 곡선미의 흐름을 보면서 역시 우리의 옷이 으뜸이라는 생각과 선조들의 기능에 감탄한다.

예절 교육을 받으면서 다도를 익히고 배례법과 제례, 관례, 복식의 기능과 구조, 명칭, 옷의 아름다움 등을 배우면서 내가 어느 사람에게나 편안한 마음으로 대하는 멋있는 사람이기를 소망해 보기도 한다. 속옷을 잘 입어야 겉면의 조화와 뒷모습이 편안한 한복처럼 겉면보다는 내면이 넉넉하고 고운 빛깔이었으면 좋겠다는 생각을 해왔다. "내가 나를 존중하는 만큼 남도 존중해야 한다는 마음가짐이 동서고금을 통한 근본적인 예절의 뜻이다."라는 지도 선생님 말씀처럼 그런 사람이 되고 싶은 것이다.

내 기억 속에 또 하나의 작은 연결고리를 만들어준 그날은 전통적인 풍습과 지혜, 선조들의 얼이 담긴 한복의 아름다움을 한껏 뽐내고, 멋스러움까지 표현한 의미 있는 시간이었다. 단체로 한복을 입고 절하는 모습을 시연한 자리에 오신 내빈이나 절하는 수료생 모두가 한복이 주는 이미지와 그 품위에 저절로 매료되어 있었다.

정신적인 면과 형식적인 면을 수반한 예절은 한복을 입고 절하는 모습 하나에도 공들인다. 작은 것 하나에도 정성 들여서 사람의 마음을 움직이는 것이다.

많은 사람이 꾸며서 드러냄으로써 아름다운 것을 표현하려 한다. 나 역시 한복을 입고는 전체적인 조화로움으로 아름다움을 연출했다. 그 시간을 기억하며 남을 배려할 줄 아는 안과 밖, 뒤태의 아량은 얼마나 되는지 돌아보아야겠다.

(2010.)

넌 할 수 있어

살다 보면 난관에 부딪힐 때가 있습니다. 시련이 닥쳐오거나 생각지도 않은 일이 일어나 어떤 결정을 내려야 할 때, 또는 어려운 시험을 앞두고 떠오르는 말이 '넌 할 수 있어' 입니다.

긍정의 에너지를 느끼는 이 말은 내게 힘이 되고 위안이 됩니다. 때론 좌절하는 나를 다독이기도 합니다. 마음이 울적할 때도 내가 나에게 이 말을 해봅니다. '괜찮아, 넌 할 수 있어'라고 혼잣말을 건네면 힘이 솟아납니다. "그래 난 할 수 있지." 응답하면 절로 고개기 주억거려집니다. 이 말 덕에 어려운 고비마다 마음을 다잡고 힘들어도 힘든 내색을 하지 않았습니다. 그냥 그러려니 하고 용기를 내었습니다.

세상살이에 건너야 할 강이나 사막 앞에서도 감당하기 어려울 때 이 말을 생각합니다. 기쁨보다는 슬픔과 상처, 절망과 좌절의 늪에 빠졌을 때 다시 일어서려는 힘을 얻기 때문입니다.

우리말 중에 '사랑해, 고맙다, 용서한다, 괜찮아, 힘내' 등등의 좋은 말이 많지만, 사람의 마음을 움직이는 말이 '넌 할 수 있어'가 아닌가 합니다. 나는 이 말을 참 좋아합니다. 누군가가 넘어진 나를 손 내밀어 일으켜 주고 괜찮다고 토닥여주는 것 같아서입니다. 어떤 선택 앞에 떠오르고, 지혜가 필요한 시기에 생각나는 따뜻한 말입니다.

언제인가 '넌 할 수 있어'라는 노래를 자동차 안에서 들으며 감동했습니다. 호소력 짙은 노랫말에서 알 수 없는 에너지가 느껴져 귀 기울였습니다. 가슴 뭉클했습니다. '너를 둘러싼 그 모든 이유가 견딜 수 없이 너무 힘들다 해도, 너라면 할 수 있을 거야, 할 수가 있어, 그게 바로 너야, 굴하지 않는 보석 같은 마음 있으니….' 의미심장한 노랫말을 들으며 눈물이 흘렀습니다. 힘들어도 목표를 향해 걸어가는 내게 하는 말 같아서 더욱 애틋했습니다.

이 말은 힘든 상황에 놓여있는 사람들에게 할 수 있다는 자신감을 주는 말입니다. 희망을 주고 엔도르핀이 나오게 하는 말입니다. 그래서인지 수능 시험을 앞두고 내가 자식들에게 말해 주었듯이 이 말이 들어있는 노래는 방송을 통해 우렁차게 흘러나옵니다.

살아오면서 메마른 가슴을 촉촉이 적셔준 이 말이 있어 지금까지의 내가 있었습니다. 희망과 용기, 자신감, 위로와 감동을 주는 우리말로 '넌 할 수 있어'를 꼽을 수 있겠습니다. 긍정적인 이 말 덕분에 오늘날의 내가 있었습니다.

(2015.)

나이 드는 것의 의미

잠실 롯데월드 쇼핑몰 3층 민속박물관 입구에는 피천득기념관이 있다. 2008년 6월 개관한 이 기념관에 가면 고인이 되어서도 빛이 나는 금아 선생님을 만날 수 있다.

유물 전시장은 40여 평 규모로 1. 금아를 만나다 2. 유물전시 3. 금아의 서재 4. 금아의 인연 5. 금아를 추억함 등으로 꾸며져 있는데 자원봉사자들이 돌아가며 안내를 하는데 나는 일주일에 두 번 안내를 한다. 영상관에서는 금아 선생께서 살아온 발자취와 생전의 에피소드를 육성으로 들을 수 있어 지나는 사람들의 눈과 귀를 열게 한다.

이곳을 찾는 관람객으로 학생들은 물론, 중장년층과 노인에 이르기까지 관심 있는 이들이 와서 명상과 심연에 빠졌다 가곤 한다. 유치원생들이 단체로 오기도 하는데 인형 설명을 해주면 눈을 동그랗게 뜨고 재미있다고 한다. 가만히 보면 책을 읽을 수 있고 쉬었다가 갈 수 있는 공간이 있어 학창시절 문학소녀였던 가정주부들의 인기가 날로 더한 것 같다.

어느 날 아침 일찍 기념관에 온 관람객에게 "피천득 선생님 잘 아시지요?" 했더니 대답 대신 선생님의 시 '오월'을 줄줄이 외우며 웃고 있었다. "혹시 국어 선생님 아니세요?" "네, 맞아요." 만면에 웃음 띤 그는 선생님의 글을 아주 좋아한 나머지 가끔 외운다며 "우리 반 학생들을 꼭 보낼게요."라며 공손히 인사하고 나갔다. 이런 날은 나도 덩달아 기분이 좋아져서 영상관 벽에 있는 '이 순간'을 읊조리며 문체의 미학 속으로 빠져버린다.

40대쯤 돼 보이는 가정주부는 친구랑 둘이 찾아와 한동안 돌아보고는 "이곳에 문학관이 있다니 믿어지지 않네요. 참 좋은 일 했네요." 하며 감탄했다. 그녀를 보면서 우리 세대의 중장년층에게 이 기념관이 문학의 갈증을 조금이나마 해소해 주는 것 같아 흐뭇했다.

그다음 주에 점심을 먹고 오니 그새 관람객이 많아졌다. 거울 보고 옷매무새 가다듬고 관람객 앞으로 나가니 빙 둘러앉아 책 읽고 있는 사람 중에 누군가가 일어서 내게 인사를 했다. 처음엔 누구인지 잘 몰랐는데 가만히 살펴보니 웃는 낯이 어렴풋이 기억이 났다. 지난주에 와서 감탄한 바로 그 여인이었다.

그녀는 이번엔 다른 친구를 데려왔다고 소개했다. 내가 나오는 날에 일부러 다른 친구와 찾아왔다고 했다. 고맙게도 어느새 내 고객이 생긴 것이다. 언제 어느 자리이건 주인의식으로 베푸는 친절은 서로의 믿음

속에 기쁨을 준다는 걸, 누군가의 작은 배려와 인간적인 배경이 은근히 기억 속에 남아있었다는 것을 새삼 느꼈다.

많은 사람을 안내하다 보면 힘들 때도 있지만 내 집에 온 손님처럼 대하려 노력한다. 예절 공부할 때 배운 친절함을 관람객에게 실천하는 것이다. 내가 알고 있는 것만큼 알려주고 설명하며 안내한다.

아침에 출근하면 먼저 피천득 선생님 좌상에 인사를 한다. 선생님이 인형(난영)을 세수 씻기고 목욕시키고 머리 감겨 예쁜 핀을 꽂아 이불 덮어 옆에 잠재웠듯이, 나도 살아계실 때 뵙는 것처럼 웃어른께 문안드린다. 곰 인형들에게 저녁이면 개인 눈가리개를 해주셨듯이 나도 살아 계신 것처럼 내 나름의 생각을 행동으로 옮기는 것이다. 그래서 좌상의 먼지를 닦을 땐 더 조심스럽고 숙연함마저 인다.

금아琴兒 피천득기념관은 크지도 작지도 않고 아담하다. 크게 화려하지도 않고 그렇다고 초라하지도 않다. 정성스럽고 조촐하여 수필 같은 느낌을 준다. 정갈하다고 해야 할까 깔끔한 인상이다. 그 앞에 설 때마다 작아지는 나도 닮고 싶은 부분이 많다는 걸 알게 된다. 검소하게 덧칠하지 않은 그분의 삶을 들여다보고 있으면 마음을 여미게 하는 부분들이 참 많다.

학생들이 오면 서재에 있는 작은 선풍기 설명을 잊지 않는다. 얼마나 오래되었는지 이 작은 선풍기 하나에 흐르는 침묵, 서재, 침대와 비닐장판, 책상에서 느껴지는 검소한 정신을 요즘 세대들이 배워야 할 것 같아서이다.

"내가 미워하는 사람은 없고, 좋아하는 사람은 많으니 이만큼 살다 가면 잘 살다 가는 거야."라는 생전의 선생님 육성을 듣고 있으면 어떻게 살아야 잘 사는 건지, 마음이 먼저 겸손해진다.

높은 산에 올라보면 자신의 존재가 얼마나 작고 미약한지 알 수 있듯이 그저 뽐낼 것도 없고 아무것도 아닌 것이 인생인 것을, 소유하는 것보다는 비워내고 덜어내야 하는 것이 삶인 것을, 선생님 말씀의 깊이를 통해 다시금 깨닫게 되는 것이다.

조용한 클래식이 흐르는 피천득기념관, 어느 날은 선생님 이웃에 살던 인연이 반색하며 찾아들고, 다른 날은 제자와 문인들이 들르기도 하고 지방에서 선생님들이 단체로 오기도 한다. 많은 이가 잠시 문학의 향기에 심취하여 떠날 때는 그래도 순해지고 착해지고 겸손해지지는 않을까. 내세우는 소리보다는 용서하고 마음 비우며 아름답게 나이 드는 의미와 지혜를, 조금은 배우고 가지 않을까 싶다.

(2009.)

숨바꼭질

아침부터 옥상 참새들의 수런거림이 정겹다. 작은 새들의 모임이라도 있는 걸까. 다 함께 모여 합창이라도 하려는 걸까, 무슨 이야기가 저리 많은지 깔깔거리고 재재거리는 그들만의 놀이에 오늘은 왠지 나도 끼고 싶어진다. 짹짹, 찍, 쪽, 속살거리는 소리를 듣고 있으면 서울에 살고 있음이 실감 나지 않는다.

이런저런 먹잇감이 있는 옥상은 자연히 참새들의 놀이터가 되었다. 앵두를 시작으로 오디, 다래, 가을엔 들깨를 따먹고 요즘은 작은 텃밭에서 지렁이를 잡아먹거나 푸성귀에 있는 벌레를 잡아먹으러 날마다 떼지어 날아온다. 벌, 나비, 달팽이, 무당벌레, 거미, 때론 고추잠자리까지 날아와 실룩거리며 엉덩이춤을 추고 함께 어울린다.

술래가 아이들을 찾듯 살금살금 다가가면 호르릉 날아 나뭇가지에 앉는다. 멀리 가지 않고 수목에 앉는 걸 보면 나와 같이 술래잡기하자는 신호 같다. 어느 땐 옆집의 옥상으로 날아가 스타카토로 통통 튀며 흘끔흘끔, 주춤주춤, 돌아보고는 잎이 무성한 목단나무 속으로 재빨리 숨어버린다. 영락없이 "나 찾아봐라~" 하는 아이 같아서 슬며시 웃음이 난다.

어느 날은 상추밭의 땅이 움푹 파였다. 봄에 씨앗을 뿌릴 때도 아닌데 어인 일인가 싶어 숨어서 몰래 보았더니 참새 한 마리가 술래처럼 웅크리고 앉아 있었다. 지인에게 말했더니 참새들이 흙으로 마른 목욕을 한다고 했다. 흙의 구덩이에 자신의 몸을 담그고 흙을 뿌리며 후드득 털어내면 목욕 끝이라는 것이다. 그러나 내 생각은 좀 달랐다. 참새들이 종종거리고 뛰어와 재미있게 술래잡기하는 아이들 같았기 때문이다.

어릴 때 친구들과 술래잡기하면 짚가리나 대문 뒤, 장독, 뒷간에 숨기 일쑤였다. 술래는 두 눈을 가리고 대문에 기대어 서거나 마당 끝에 있는 오동나무에 기대어 "꼭꼭 숨어라 머리카락 보일라." 노래를 불렀다. 숨죽인 아이들이 흩어져 숨을 곳을 찾고, 술래는 "다 숨었지!" 소리치고는 아이들을 찾아 나섰다. 기척 없는 아이들은 쿡쿡, 웃음을 참으며 슬금슬금 몰래 나와 달음박질쳐서는 술래보다 먼저 "야도!"(그때는 그랬음) 소리치며 까르르 웃었다. 이 놀이는 여럿이 할 수 있는 게임으로 이기고 지는 것보다는 재미로 하여 술래가 되어도 좋은 순박한 놀이였다.

여섯 살인 손녀가 오면 "할머니! 술래잡기해요." 하면서 손목을 잡아끈다. 가위, 바위, 보를 하고 지는 사람이 술래 하잔다. 집 안은 방 세 개, 숨을 곳이 별로 없다. 그래도 손녀는 장롱 속에 숨거나, 커튼으로 돌돌 말거나, 참대 옆, 또는 베란다, 식탁 밑에 숨어서 숨죽이며 놀이를 즐긴다. 뒤꽁무니가 다 보여도 모르는 척 “태희 어디 갔나? 태희 못 봤어요?” 하며 일부러 찾는 시늉을 하다가 “못 찾겠다, 꾀꼬리!” 하면 까르르 웃고 뛰어나온다. 어른들이 져주는 걸 아는지 모르는지, 재미있어하는 손녀를 보면 대를 이어 하는 놀이에 같이 즐거워한다.

옥상 텃밭에 앉아 놀던 참새들이 모두 날아가도 혼자 남아있던 참새가 혹여 술래는 아니었을까, 단풍나무, 라일락, 오디나무, 앵두나무에 앉아 수런거리던 참새들이 조용한 걸 보면 목욕하다 들킨 것이 아니라 술래잡기 놀이에 빠져있던 것은 아니었나 싶다.

우리 집 옥상에는 두 평 정도의 텃밭과 화분 30여 개가 놓여있다. 라일락, 감나무, 대추나무, 오디나무, 앵두나무, 매화나무, 개나리, 은행나무 묘목 외에 두릅나무, 다래나무 등이 크고 작은 화분에서 자라고 있다. 얼마 전에는 앵두가 올해 처음 열렸는데 손녀가 오면 따주려고 아껴 둔 것을 참새들이 다 쪼아 먹고 떨어뜨려서 손녀에겐 구경도 못 시켰다.

손녀에게 앵두 맛을 보여주지 못해 아쉬움이 컸지만, 옥상에 와 놀다 가는 것만으로도 시골의 실루엣을 느낄 수 있으니 이런 정서도 괜찮지 싶다.

얼마 전엔 유난히 시끄러운 참새 소리에 창문을 열었다. 전깃줄에 세 마리가 앉아 있었는데 그중 한 마리가 째재, 짹짹짹거리며 야단스레 울고 있었다. 다급한 상황을 알리려는 듯 동네가 시끄러워 주위를 살피니

한 마리가 땅바닥에 떨어져 죽어있었다. 혹여 술래잡기하다가 사고가 난 것이 아닌가 싶어 나가보니 아주 어린 새끼였다. 참새도 제 새끼 죽음에 그리 처절하게 울었구나 싶어 마음이 짠했다.

이제 여름으로 익어가는 옥상에는 애호박, 오이, 가지, 토마토, 옥수수, 고추, 대추 등이 주렁주렁 열렸다. 오디도 까맣게 익어 따먹어 보면 달콤한데 이것도 참새들이 드나들며 시나브로 없애고 있다. 옥상의 나무들은 아주 작은 묘목을 사다 심거나 씨앗을 심어 잎이 나고 싹이 돋아 자라거나 지인이 준 것인데, 몇 년 키우다 보니 제법 성목으로 자랐다.

이제는 참새들이 날아와 그늘이 되는 나뭇가지에 앉아 여가를 즐기고 있다. 오늘은 그들만의 놀이에 나를 불러내 술래잡기하자고 소리치니 어린 시절 몰래 숨고 살그머니 나타나 놀래주던, 그래도 믿음 가는 동무들이 그립다.

누구에게나 꼭꼭 숨어버리고 싶을 때가 있었을 것이다. 나를 슬프게 하고 힘들게 하는 그 무엇에서 벗어나고 싶을 때 숨바꼭질하는 아이들처럼 꼭꼭 숨고 싶었다. 나와 놀자던 참새가 몸을 숨긴 것처럼 꼭꼭 숨어버리고 싶었다.

(2014.)

2

무엇이 되어 다시 만나랴

[테마] 만남과 헤어짐

자드락길 편지

매달 배달되는 월간지에서 한 여인을 만난다. 은은한 향이 느껴지는 글과 그림을 탐독하고는 사진을 찍어 문자를 보낸다. 그쪽에선 문자를 보고 눈물이 난다며 금방 답글이 온다. 그럴 때마다 우리는 서로에게 감동의 깃발을 든다. 그것이 벌써 여러 달 되었다.

세상을 살다 보면 수없이 많은 사람과 만나고 헤어진다. 불가에서는 옷깃만 스쳐도 인연이라는 말을 하는데, 지난해 가을 제천 여행 중에 만난 여인은 그날의 말과 행동에서 무언가 알 수 없는 향기가 느껴졌다.

이틀 동안의 여정에서 관광해설사가 나와 제천의 명소를 소개하는 일정은 보고 듣고 생각하는 유익한 시간이었다. 청풍호가 바라보이는 숙소에 유숙한 것도 좋았고, 여명이 밝아오는 신새벽, 호수의 물안개를 놓치지 않으려고 사진기에 담는 사람들 풍경도 좋았다.

아침 식사 후 버스에 오르자 어제와 다른 해설사가 일행을 안내하였다. 숨어 있는 우리말을 자분자분 이야기하는 그녀는 어디서 본 듯한 얼굴에 친근감이 들었고, 집안 어딘가에 놔두고도 찾지 못해 사용하지 못했던 예쁜 그릇을 만난 것처럼 반가웠다. 차분하고 박식한 그녀의 말에 나는 흠뻑 젖어들었다. 사실 글을 쓰면서도 잘 알지 못하는 단어가 많아 놀라곤 하는데 생경한 낱말을 쓰는 것이 여간 아니어서 공부 많이 해야겠다는 생각이 들었다.

그녀가 이름 붙였다는 '자드락길'에 들어섰을 땐 떡비가 촉촉이 내리고 있었다. 지나는 길에 군데군데 쌓여 있는 돌탑은 무슨 사연이 있을까 궁금했다. 아마도 누군가가 좋은 이미지를 보여주고 싶어 만들었는지도 모를 일이다. 여기에 그 고장을 사랑하는 여인으로부터 '자드락길'이란 예쁜 이름까지 얻었으니 사람이나 자연이 언제 어디서 누구를 만나느냐에 따라 자신의 위치가 격상, 격감될 수도 있다는 걸 새삼 느꼈다.

비는 계속 내리고 서울 갈 시간은 다가오고, 중간에 되돌아올 수밖에 없었다. 정상에 있다는 일음골까지 올라가고 싶은 아쉬움을 안고 좁다란 산길을 내려와 유리알같이 맑은 의림지를 돌아보는 일정으로 여행은 막을 내렸다.

집에 돌아와 자드락길이란 낱말을 검색해 보았다. 길을 걸으면서도 '자드락'이 어떤 의미가 담겨있을까 궁금했기에 얼른 컴퓨터를 켠 것이다. '낮은 산기슭의 비탈진 땅'이란 단어를 읽으며 좁다랗던 그 길을 떠올렸다. 과연 격상에 알맞은 안성맞춤의 길 이름이어서 절로 고개가 끄덕여졌다.

얼마 후에 난 그때 점심을 같이 먹은 인연으로 내 책 한 권을 보내주었다. 책 낸 지가 오래되어 거의 동나 있었지만 마침 출판사에서 몇 권 보내주어 가능했다. 책을 보낼 때 제천 여행의 해설이 아주 좋았다는 짧은 쪽지편지도 써넣었다.

책을 읽은 여인에게서 한과와 연하카드, 편지가 왔다. 그녀 말에 의하면 연말이고 해서 연하카드만 보내려고 한지를 붙여 카드를 만들었다고 한다. 다 써놓고 보니 안 되겠다 싶어 다시 붓을 들어 밤새워 편지를 썼다고 했다.

한지를 붙여 만든 카드는 한쪽은 가장자리에 연보라색 테두리를 두르고 그 위에 붓으로 금박을 콕콕 찍었다. 반대편은 한문으로 새 신新자를 크게 예술적으로 표현했다. 오른쪽엔 붉은 해를 그려 넣고 약간 옆으로 비켜가 연꽃잎과 봉오리가 연상되는 그림을 넣었다. 왼쪽엔 낙관을 찍고 뒷면에 내용을 적었는데 내 책을 읽으며 함께 울고 기쁘고 행복했다고 한다. 입체적 그림과 생동감 있는 붓글씨 새김만으로도 카드는 감동이었다.

한지를 편지지로 만들어 세로로 써내려간 독후감은 심금을 울리고도 남았다. 작은 붓글씨로 한 자 한 자를 새겨 넣은 정성이 조선 시대 임금에게나 써 보냈을 법한 상소문上疏文이나 임금이 내린 교지敎旨 같은 형식의 긴 글이었다.

세로 서른아홉 줄에 새겨진 글자의 길이를 재보니 가로 67cm, 세로 24cm로 아래와 위 끝줄엔 연노랑 색으로 채색하였다. 테를 두른 위에는 연주황과 연초록으로 콕콕 점을 찍어 정성 들였다. 주황은 조금 크게 연초록은 그보다 작게 점찍은 하나의 예술 작품이었다. 몇 권 남지 않은 책 한 권을 보낸 것이 이렇게 큰 울림을 주고 있으니 감개무량했다. 행간에 숨어있는 진실을 대하니 가슴이 떨려왔다. 밤새워 내게 편지 쓰는 시간이 행복했다던 그녀 말의 의미를 알 것 같았다.

여행길에서 만난 한 여인을 통해 전혀 몰랐던 자드락이란 예쁜 낱말 익혀두었고, 지금은 가끔 연락하는 인연이 되었다. 잊지 못할 독후감 중의 하나인 자드락길 편지는 자꾸자꾸 되돌려 보고 싶은 영상으로 오래오래 기억될 것이다.

(2014.)

다시 읽어보는 편지

내 책이 출간되고 수필 앞에 서 있는 내가 많이 부끄러웠다. 졸작이었으니 좋은 반응을 기대하지는 않았지만, 첫 아이를 출산할 때만큼이나 설렘이 컸고 내 책이 나온다고 생각하니 기뻤다.

100여 명의 동인과 지인들에게 책을 보내고 교보문고에 들렀을 때 내 책을 보는 순간 가슴이 먹먹해졌다. 그동안 힘들었던 시간이 파노라마처럼 펼쳐지며 포기하지 않고 달려온 결과에 눈물이 핑 돌았다.

무엇보다도 내 글을 거들떠보지 않았던 남편이 회사에 책을 주고 싶다며 사인을 부탁했다. "친구들도 한 권씩 주지" 하며 은근히 내 후원자가 되어 책을 날랐다. 나와 같이 있는 자리에서 지인들에게 책을 줄 때는 "나는 두 번 울었는데 눈물 좀 흘리실 거예요." 하며 웃었다.

며칠 뒤 회사 사장님이 금일봉을 보내오고 직원들도 정성스런 편지와 봉투를 따로 보내왔다. 처음으로 남편 회사 사장님과 통화도 했다. 요즘

시쳇말로 짱이었다.

지도 교수인 서정범 교수는 늘 그런 말씀을 하셨다. "김인자는 과감하게 생각을 바꿔야 해, 그렇게 얌전해서 어떻게 글을 쓸 수 있겠나?" 그러나 자동차 운전대는 조금만 돌려도 좌회전, 우회전을 할 수 있지만 내 성격을 바꾸어 과감하게 글 쓰는 일은 쉽지가 않다.

책을 낸 그해 겨울 길거리에서 전화를 받게 되었다. 목소리를 알 수 없는 상대방은 말을 못 하고 계속 훌쩍이고 있었다. 나는 잘못 걸려온 전화인 줄 알고 전화 어디에 거셨냐고 물었다. "인자야! 나다." 누군가 나를 아는 사람인데 가라앉은 목소리는 전혀 알 수가 없다. 한참 후에 숨을 고른 사람은 친정 아랫집에 사는 외오촌 당숙모였다. "아줌니 웬일이세요? 제 전화 어떻게 아셨어요?" 생전 처음 걸려온 전화에 나는 어떤 변고가 있으신가 불안했다.

"네 책을 읽고 내가 얼마나 울었는지 모른다." 그때야 나는 내 책을 읽고 전화하신 걸 알 수 있이 마음이 놓였다. 연세가 팔십이 넘으신 분이 내 글을 읽고는 전날 밤에도 많이 우셨다면서 내 목소리를 듣고는 또 그렇게 울고 계신 거였다. 그 목소리를 감지한 나도 그만 울컥하고 말았다.

우리 어머니와 아주 가깝게 지냈던 아주머니는 책을 낸 지 한 참 후인 그때야 내 책을 아들에게 전해 받아 읽었다고 한다. 읽다가 보니 사촌 형님인 우리 어머니와 내 동생 생각에 그렇게 우셨다는 것이다. 자식들이 다 떠나고 혼자 살고 계시니 먼저 돌아가신 아저씨의 빈자리와 아주머니의 설움이 복받쳐서 주체할 수 없는 눈물을 흘리셨을 것이다. 우리 집과는 마당 끝이 맞닿은 이웃으로 한평생 살면서, 오래된 사람들이 모두 떠나버린 쓸쓸함과 외로움에 감정이 격해지셨는지도 모를 일이었다. 그날 이후 한동안 아주머니의 영상이 지워지지 않았다.

예절 공부를 할 때 지도 교수에게 책 선물을 했었다. 얼마 후 분홍색 봉투와 분홍색 한지에 정성이 담긴 편지와 동생이 썼다는 시집이 배달되었다. 보기 좋은 그릇에 과일을 예쁘게 깎아놓은 것 같은 그 편지는 한 편의 수필이었다. 읽는 내내 아! 어쩜, 이리도 나를 감동하게 하는가, 만감이 교차했다. 내 책을 읽다 말고 벌떡 일어나 옷매무새를 가다듬고 찻상을 준비해 소중한 인연과 함께하려고 아끼던 차 한 잔을 내게 정성껏 올렸다고 한다. 그 내용의 일부를 살펴본다.

"사람에게는 밥으로 채워지지 않는 공복감과 물로 채워지지 않는 영혼의 갈증이 있다지요. 오늘은 선생님과 함께 다담을 나누며 영혼을 일깨우고 영혼의 먼지를 털어내는 그런 날이었습니다. 4시간 동안 숨죽이며 선생님의 귀한 영혼의 소리를 듣고 영혼의 산소를 공급받는 그런 시간이었습니다.

메모장에는 선생님의 주옥같은 말씀이 빼곡히 옮겨져 있고, 책장에는 군데군데 파란 형광펜으로 밑줄이 그어져 있습니다. 그렇게 책장을 덮었습니다. 그리고 한참을 눈을 뜨지 못했습니다. 눈을 떴을 땐 '잘 살아야겠구나' 하고 다시 한번 제 삶을 담금질해봅니다."

나는 그 글을 읽으면서 가슴이 먹먹해졌다. 지도 교수가 보낸 글이 심금을 울리고도 남았다. 몇 해 전 예절을 배우며 지도 교수들과 영남지방의 서원을 1박 2일 여정으로 돌아보는 시간이 있었다. 안동의 깊은 산 속 기와집, 전기도 들어오지 않는 지례 예술촌에서 하룻밤을 묵었다. 아침에 일어나 낙동강을 바라보며 모습이 늘 단정한 그 교수와 나란히 숲속 길을 걷게 되었다. 새벽이슬 젖은 풀잎이 종아리를 적시는 줄도 모르고 도란도란 이야기꽃을 피운 시간이야말로 잊을 수가 없다. 나를 감동시킨 편지 주인공과 함께한 시간이 지금도 가끔 한 편의 영상이 되어 그립기만 하다.

'이 봄 손편지 감동선물 어떨까요?'라는 글이 조선일보에 실리고 나서 우정사업본부의 높은 어른이 카드에 편지를 써서 보내왔다. 그해 가을에 전국 규모의 편지쓰기 대회를 열 예정이라면서 "편지를 한물간 것으로 보는 경우가 더러 있는데, 편지는 보내는 사람의 가슴을 거쳐 쓰여지고 받는 사람의 가슴을 거쳐 읽힌다."는 내용도 감동이었다. 내 글을 읽은 독자가 감동을 나누었으면 하는 바람을 갖고 쓴 편지가 부메랑처럼 달려와 또 다른 감동을 안겨준 일이었다.

한동안 분에 넘치는 칭찬에 기쁨이 춤추었다. 지나놓고 보니 다들 잘 살라는 당부인 것 같아 수필 쓰기가 더욱 조심스러워진다. 나를 놀라게 했던 당숙모의 영상 편지를 그려보며 내게 따뜻했던 마음과 짧고 긴 편지들을 다시 읽으며 수필의 진가가 무엇인지 곰곰 생각해 본다.

수필은 어떤 면에서 독자에게 나를 알리는 편지라는 생각이 든다. 읽는 이의 마음에 잔잔한 감동을 줄 수 있는 글쓰기를 소망해 본다.

(2014.)

풍물시장 풍경

벚꽃이 만개한 봄날 동대문구 신설동에 있는 서울 풍물시장을 찾았다. 그곳은 과거, 현재, 미래의 역사적인 문화가 원활하게 소통하고 있었다. 예전엔 청계천 7가와 황학동 주변에 늘어서 있던 벼룩시장이 청계천 복원과 함께 서울운동장으로 이전하였다가 지금은 다시 동대문구 신설동 숭의여중 자리에 터를 잡고 있었다.

안으로 들어가니 예전과 달리 깨끗하게 단장된 894개의 점포가 2층까지 즐비했다. 오래전에 황학동 벼룩시장을 돌아볼 때와는 전혀 다른 매장 분위기여서 이쪽저쪽 시선을 옮겨가며 신기한 물건들을 보기에 바빴다. 유년 시절 엿장수에게 주었거나 버렸던 가재도구를 다시 보니 감회가 새로웠다.

괘종시계를 보자 어린 시절 소리로 시간을 알려주던 종소리가 실지로 들려오는 듯했다. 숯을 넣어 다림질하던 다리미와 인두, 찌개를 끓이거나 고구마와 감자를 구워 먹던 화로, 엄마 몰래 앞머리를 태우며 지지고 볶던 부젓가락, 무명천을 장단 맞춰 다듬이질하던 다듬잇돌과 방망이, 옷을 깁거나 만들던 손틀과 발재봉틀, 인절미를 찧거나 마른 쌀가루를 빻아 체에 내리던 돌절구, 절굿공이, 작은 이남박, 오래된 도자기 속에서 느껴지는 뒤주 위의 풍경 등등을 물끄러미 바라보면서 40여 년 전 곤궁했던 시간 속으로 달려간다.

그 시절 집 안에 없어서는 안 될 가재도구들이 물질 만능 시대에 살게 되면서 버림받고 퇴색되었지만, 한곳에 진열되어 있는 것이 얼마나 다행인지, 바쁘게 살다보니 잃어버리고 있던 기억들을 풍물시장이 되찾아 주는 것 같아 흐뭇했다. 옛날이 그리울 때면 언제든지 찾아와 사물의 눈을 통해 보고 싶었던 사람도 만날 수 있을 것 같다.

작은 쇠절구의 값을 물어보는 어느 부부에게 주인은 "삼만 원인데요. 에라, 이만 오천 원만 내세요." 알뜰 쇼핑에 흥정하는 재미가 있어 주인도 고객도 구경꾼도 같이 웃는다. 살까 말까 망설이는 그분들은 꼭 필요한 것이 아니니 짐이 될 것 같다며 그냥 돌아섰다.

푸른색으로 녹슬어 있는 놋그릇을 보자 어머니를 만난 것처럼 반가웠다. 옛날에 가족이 모여앉아 밥상을 받던 안방의 정성이 놋그릇 속에 비춰진다. 놋그릇과 놋수저를 썼을 때는 아궁이의 고운 재를 떠서 짚을 돌돌 말아 수세미로 썼다. 그 짚으로 손바닥이 새까맣도록 그릇을 닦던 어머니는 무엇을 위해 그리도 열심히 닦으셨을까, 왈칵 눈물이 솟는다.

며칠 전 가족이 냉면을 먹으러 갔을 때 반들반들 윤이 나는 금빛 유기에 냉면을 내 와서 음식 맛이 훨씬 더 맛있게 느껴졌던 게 생각났다. 세월의 더께로 녹슬어 있는 이 놋그릇도 잘만 닦으면 마음 착한 사람처럼 맑은 빛이 나겠구나 싶었다.

청계천 7가에서 동묘 방향으로 가다가 보면 동묘 담벼락을 따라 쭉 늘어서 있는 벼룩시장도 없는 것이 없을 정도로 물건이 많다. 고물 라디오, 유성기, LP판, 등잔, 신발, 가방, 모자 등등 예전에 우리네 살림살이에 사용했던 물건들이 주류를 이룬다. 외국인들도 돌아다니고, 젊은이들보다 연치가 있는 분들이 기웃거리는 걸 보면 아마도 옛날의 풍경이 그리워서가 아닐까.

풍물시장은 원래 황학동 노점상의 도깨비시장이 시초였다고 한다. 벼룩이 들끓을 정도의 고물을 판다는(하찮은 것) 의미에서 생긴 것이라고 하는데 동대문운동장(축구장)으로 이전할 때 '동대문 풍물시장'이란 명칭을 사용하여 지금에 이르렀다.

요즘 우리나라 경제가 상당히 어렵다고 한다. 대형마트나 백화점의 고급상품에서 재래시장의 난전과 풍물시장까지 다양한 시장 형태의 상거래가 이루어지고 있지만, 상인이나 고객이 어렵기는 다 마찬가지일 것이다. 그 속에서 명맥을 유지하고 있는 풍물시장은, 우리 민족 고유의 풍물과 역사와 문화를 고스란히 간직하고 있다. 일상에서 사용하던 생활용품, 관광 상품, 토속상품까지 잘만 고르면 보물 같은 물건을 싸게 살 수도 있고 흥정하는 재미도 쏠쏠하다.

한 권의 책을 읽으면 그 안에 나오는 등장인물을 만나는 것처럼 옛날이 그리운 날, 볼거리가 많고 먹을 것이 있는 풍물시장으로 하루쯤 여행을 떠나는 것도 좋을 것이다.

(2009.)

그대 없이는 못살아

지금 우리는 상상을 초월한 유비쿼터스 시대에 살고 있다. 스마트폰과 인터넷에서 수많은 정보를 얻고, 더 빠른 데이터를 전달하는 세상이 되었다.

지하철을 타면 대부분의 사람은 고개를 숙이고 있다. 스마트폰으로 인터넷을 검색하거나 문자를 보내고, 유튜브에 올라온 영상물을 보거나 업무를 보고, 영어공부를 하거나 드라마를 보는 사람들이다. 이렇듯 지하철 안은 많은 사람이 SNS의 온라인 서비스를 통해 정보를 공유하고 소통하고 있다. 이젠 누구에게나 필요한 매체가 스마트폰이 아닌가 한다.

내 경우 별로 필요성을 느끼지 못해 아주 늦게 휴대폰을 가졌는데 이제는 없어서는 안 될 필수품이 돼 버렸다. 단순히 목소리를 전달하는 것뿐만 아니라 영상통화, 문자 메시지, 동영상, 사진, 인터넷, 지하철노

선 검색 등과 같은 고품질의 데이터 서비스를 받으니 그 편리함에 어느 땐 고맙기까지 하다. 언제부턴가 돌풍을 일으킨 이 전화의 중요성을 절실히 느끼는 것이다.

예전엔 부의 상징이었던 카폰과 삐삐라 불리는 무선호출기가 신기했던 때를 생각하면 통신 위성 기술의 발전은 놀랍다고 할 수 있다. 하루 통화량도 엄청나고 통신 공화국이라 해도 지나치지 않을 정도로 전화가 눈부시게 발전하였다.

처음 우리 집에 전화 놓을 때가 생각난다. 전화국에 신청해 놓은 전화는 꼬박 2년 반이 지나 겨우 설치되었다. 길거리 휴대폰 매장에서 금방 개통할 수 있는 요즘에 비하면 그때는 참 오래 기다려야 했다.

돈 있는 사람들이 웃돈을 얹어주고 백색전화를 사용하던 시절이라 전화가 설치되던 날은 가슴까지 설렜고, 개통되자마자 여기저기 전화해서 자랑하느라 몸과 마음이 몹시 바빴다. 집에 전화가 없을 때는 멀리 있는 공중전화를 이용해 친지니 친구들의 안부를 물었지만, 전화가 있으니 한 사람 몫의 일을 톡톡히 해내고 있어 우리 집 보물이었다. 그 시절에 비하면 지금의 스마트폰은 단순한 의사소통뿐만 이니라 다기능 정보통신 기기로 탈바꿈하였다.

우리나라에 전화가 들어오기까지 전화 도입 100년을 살펴보면 1902년 3월 한성신문에 난 기사로 인해 처음 소개되었다. '한성전보사와 인천전보사에 전화사무소를 설치하여 지금의 서울과 인천 간의 전화 통화가 가능토록 했다.'고 보도함으로써 우리나라에 처음으로 전화가 도입되었음을 알렸다고 한다. 황실에서는 이미 전화를 사용하였지만, 민간인에게 처음으로 개통한 날짜를 기준으로 한 것이기 때문에 그 시점으로 보고 있다는 것이다.

당시 일반인들은 전화소를 찾아가 정해진 시간에 요금을 먼저 내고 통화를 해야 했으니, 요즘 선납식 이동전화의 개념과 같다고 볼 수 있을 것이다. 특히 전화 규칙 및 전화 세칙이 공포되어 불온한 통화를 하거나 언쟁할 경우 전화소 측이 이를 정지할 수 있도록, 전화 예절의 중요성이 강조되었다고 한다. 아무 곳에서나 떠들고 전화하는 요즘 사람들이 전화 예절만큼은 배워야 할 부분이 아닌가 한다.

그 뒤로 지금 우리나라는 세계 어느 나라에도 뒤지지 않는 방대한 통신 인프라를 구축하고 있다. 이동전화의 경우 세계적으로 유례가 없을 정도로 빠른 보급률을 보이고, 하루가 다르게 신기술 소개와 신기종을 선보임으로써 외국에서 인지도가 타 회사를 앞지르고 있다니 어깨가 으쓱해진다. 통신회사도 많이 늘어나고 유선전화보다는 무선인 스마트폰을 더 선호하는 시대가 되었다. 신혼부부나 밖에서 시간을 많이 보내는 사람들이 집 전화는 아예 놓지 않고, 스마트폰을 사용하는 가정이 늘고 있다. 집 전화의 필요성을 느끼지 못해서이기도 하지만, 발신 전화 서비스로 인해 불필요한 전화와 필요한 전화를 구분할 수 있는 편리함에 호응도가 더 높다고도 볼 수 있다.

이제 전화는 예전의 사치품에서 없어서는 안 될 필수품으로 그 가치와 선호를 인정받고 있다. 하지만 지하철 안이나 여러 사람이 모인 장소에서만큼은 진동으로 해놓고, 작은 목소리로 통화했으면 좋겠다. 상대방에 대한 예의라고 생각하면 쉽게 적응할 수 있으련만 안방인 줄 착각하는 사람이 많아 공중도덕이 무너지고 있는 것은 안타까운 일이다.

지금 우리는 집집이 인터넷에 너도나도 스마트폰을 지니며 살고 있다. 하루가 다르게 많은 양의 정보를 빠르고 다양한 매체를 통해 접하면서 소통한다. 예전엔 길을 가다가 "사장님!" 하고 부르면 열이면 열 사람 다 뒤를 돌아본다는 우스갯말이 있었다. 이제는 길을 가다가 전화벨 소리가 들리면 너나 할 것 없이 가방을 뒤지거나 전화기 찾는 사람들로 손이 바쁘게 움직인다. 그 모습을 보면 슬며시 웃음이 난다.

조용히 혼자 있고 싶을 때 스마트폰을 잊고 싶을 때도 있었고 카톡을 보지 않아 오해하는 사람도 있어 미안하지만, 이제 우리는 스마트폰 없는 세상은 상상도 못 하는 세계에 살고 있다. 하루라도 못 만나면 안 되는 연인처럼, 시도 때도 없이 '그대 없이는 못살아' 하는 아주 가까운 사이가 되었다.

(2012.)

서원을 찾아서

몇 해 전 예절 공부를 하던 수강생들과 지도 교수들이 영남의 서원을 찾았다. 수료를 앞둔 시점에서 좀 더 깊은 역사 공부를 하기 위해서였다.

찌는 듯한 초여름 날씨에 안동 하회마을을 돌아 병산서원에 도착했을 때는 붉게 물든 저녁노을이 장관이었다. 만대루에 앉아 앞산을 바라보니 강물이 흐르는 모래사장 전경이 한눈에 들어왔다. 길고 넓은 누마루에 앉아 보니 유생의 마음이 되어 저절로 시 한 수를 읊고 싶어진다. "제가 시 한 수 읊을까요?" "좋지요." 말이 떨어지자마자 마음을 가다듬은 나는 유생이 되어 시를 읊었다.

"만 리 길 나서는 길 처자를 내맡기며 맘 놓고 갈만한 사람, 그 사람을 그대는 가졌는가." 평소 내가 좋아하던 시 '그대 그런 사람을 가졌는가'를 음률, 리듬을 타고 낭송했다. 시 낭송이 끝났을 때는 박수가 쏟아져 나왔지만, 안 하던 짓을 한 난 얼굴이 저녁놀보다 더 붉어졌다. "선생님!

선생님처럼 예전의 유생들도 그렇게 공부했을 거라구요." 백 교수의 말에 내가 어떻게 그런 용기가 났는지 몸 둘 바를 몰랐다.

만대루는 유생들이 쉴 수 있는 공간으로 아침 기상부터 잠잘 때까지 긴장된 수양생활을 풀기 위해 마련된 곳이었다고 한다. 병산서원에 들어올 수 없는 세 가지 규칙이 있었는데 술, 여자, 그리고 남사당과 같은 광대패들이었다. 한데 과거에 급제하면 광대패들을 초대하여 잔치를 벌이는 관습이 있었다고 한다. 서원 안으로 들어올 수 없는 광대들은 누각인 만대루 앞에서 연희를 벌이게 되고, 서원의 유생들은 만대루 위에 앉아서 관람하였다. 이럴 때는 누각이 일종의 고급 객석으로 사용된 셈이었다고 한다.

어스름 만대루에 앉아서 이런저런 이야기를 나눌 때, 누군가가 풍악을 울리고 놀던 광대들 생각에 유생들이 공부가 되었겠느냐고 했다. 과거 급제한 선배나 동기를 보고 더 열심히 공부했을 거란 의견도 있었다. 필경 양반집 자제들이 서원을 찾아왔을 텐데 얼마나 큰 다짐을 하고 왔겠는가. 그렇다면 여흥이 끝난 후엔 마음을 다잡아 더 열심히 공부만 하지 않았을까.

병산서원을 나와 깊은 산 속에 있는 지례 예술촌에서 하룻밤을 묵고, 이튿날 도산서원陶山書院에 들렀다. 아늑한 골짜기 안에 안동호를 바라보고 있는 도산서원은 입구에 큰 느티나무와 '열정'이란 이름을 가진 우물정井 자의 우물이 있었다. 이 우물은 식수로 사용하였던 것으로 우물을 들여다보고 있으니, 매미와 쓰르라미가 요란하게 울었다. 그 풍경이 우물이 많았던 고향 마을의 여름과 닮아있어 편안했다.

안으로 들어서자 깨끗하고 정갈한 서당 분위기가 물씬 풍긴다. 본래 그 자리는 퇴계 이황이 은거하면서 제자들을 가르치던 서당이 있던 곳이라 하니 저절로 두 손이 모아졌다.

대문을 열고 들어서면 바로 만나는 도산서당과 농운정사, 그 아래 별채인 완락서재가 있다. 이 세 건물이 한 구역인데 모두 이황 생전에 있었던 건물이라 한다. 이황의 제자들이 세운 서원으로 이황의 학덕을 기리기 위한 공간이라 들었는데 얼마나 조용한지 햇볕마저 졸고 있는 듯해서 다니기조차 조심스러웠다.

도산서원陶山書院의 현판도 당대의 명필인 한호韓濩(호, 석봉石峯)의 글씨라 해서 유심히 살펴보았다. 굵은 선이 정갈했다. 인생은 짧고 예술은 길다더니, 그 유명한 한석봉 친필을 만나다니 나도 좋은 수필 한 편 남기고 싶다는 생각이 들었다. 그곳은 유생들이 기거했을 방도 많았고, 책을 보관하던 광명실, 식솔들이 썼을 법한 가마솥도 많이 걸려있었다. 부뚜막에 걸려있는 커다란 무쇠솥만 보아도 얼마나 많은 유생과 식솔이 살았는지 고개를 끄덕이게 했다. 시원한 나무그늘에 앉아 매미소리 들으며 낙동강 상류를 바라보다가 다음 장소인 소수서원으로 향했다.

소수서원은 우리나라 최초의 서원이면서 동시에 최초의 사액서원이라 들었다. 최초의 서원답게 특정한 형식의 틀이나 배치 규범을 따르지 않고, 여러 건물이 자유롭게 배열된 것이 특징이라고 한다. 도산서원처럼 단청이 곱게 채색되어 있어 이곳에선 절간 분위기가 감돌았다.

우리나라의 교육기관은 고구려의 태학에서부터 시작되었다 한다. 고려 중기 이후에 국가에서는 중앙에 성균관을, 지방엔 향교를 세워 교육을 담당시켰는데 향교는 지방 국립고등학교 정도에 해당되었다.

큰 소나무 앞개울 건너를 보니 서너 사람이 풍류를 즐겼을 법한 작은 정자가 하나 있었다. '경렴정'이란 정자다. 날씨가 너무 더운 탓에 시냇물에 발 담그고 정자에 앉아 쉬었다가 간다면 시원한 바람이라도 손님을 맞아줄 것 같았다.

손수건에 물을 적셔 머리에 얹고 돌아다녔는데도 몸에선 땀이 줄줄 흘렀지만 부족한 내 정신세계는 바삐 움직였다. 박물관에 들러 영남지방의 유물과 조상들의 얼이 서린 유품 등을 돌아보고 예정시간보다 한 시간 늦게 서울로 출발했다.

이번에 돌아본 세 개의 서원은 흐르는 강이나 내를 앞에 두고 삼면이 산으로 둘러싸여 있어 공기도 맑고 아늑했다. 돌아오는 길에 서산 부석사에 들렀다.

여행은 떠나기 전의 설렘과 돌아보는 즐거움, 다녀온 후의 충만함이 있다. 하회마을, 병산서원과 도산서원, 소수서원을 돌아보는 내내 봉고차 한 대의 행복은 최고의 꽃을 피웠다. 교수 세 분이 돌아가며 서로 해설을 맡아주어 얼마나 뿌듯하던지, 활력소가 되었던 시간 두고두고 잊지 못할 답사였다. 최고의 휴양처가 되는 곳에 서원을 세운 선조들의 지혜는 감동이었다.

(2007.)

담

결혼하기 전 친하게 지냈던 직장 동료가 있었다. 나를 언니라 부르며 잘 따르던 동생 같은 동료였다. 그녀가 남편 따라 지방으로 내려가긴 했어도 가끔 안부 전화와 편지를 교환하며 얼마간은 서로의 정이 식지 않았다.

한데 몸이 멀어지면 마음조차 멀어지는지 만나는 횟수가 줄어들고, 전화마저 안 하게 되자 그와 나 사이에 알 수 없는 담이 하나 생겼다. 서로 생각이 달라 모진 말로 다투거나 싫은 내색 없이 사이가 멀어진 것이다. 서로가 멀리 있고, 바쁘게 살다 보니 자주 연락도 없고 만나지도 못해서 찾아온 결과였다.

그 동료가 서울에 왔다며 전화를 했다. 반가움에 그동안 어떻게 지냈는지 안부를 물었더니 아들이 벌써 대학 졸업 후 취직을 해서 서울에 왔다는 것이다. 정말 보고 싶었다. 잠깐 만나서 식사라도 함께하고 싶어서 시간을 물었다. 얼른 만나자고 할 줄 알았는데 대답은 뜻밖이었다. 볼 일도 많고 올라온 지 벌써 여러 날 되어 바로 내려가야 한다는 것이다. 그러면서 하는 말이 "언니, 나 잊지 마!" 하는 게 아닌가.

어찌 보면 알 수 없는 담이 나 때문에 생긴 것으로 들려서 왠지 모를 섭섭함이 느껴졌다. 내가 그녀에게 금을 긋고 벽을 쌓았으니 그 벽이나 허물어달라는 의사표시 같았다.

그와 나 사이에 보이지 않는 담장은 울도 담도 없이 넘나들어 머리만 아팠다. 나도 모르게 생긴 담장을 허물어야 마음이 편안할 것 같아 며칠 뒤 전화를 걸었다. 볼일을 마치고 잘 내려갔는지 궁금하기도 했지만, 난 아무런 벽이 없다는 이야기를 하고 싶었다. "언니~!" 하며 밝게 웃는 목소리를 확인하는 순간, 내가 공연히 걱정했구나 싶었다. 그녀의 말 속엔 예전의 그리움이 그대로 배어 있어 함께 웃었다. 공연히 나 혼자서만 담장을 쌓았다가 허물었구나 싶었다.

우리는 수많은 사람과 만나고 헤어지면서 관심과 관계 속에 살아간다. 우연찮은 만남이 소중한 인연으로 길게 이어지기도 하고, 늘 만나던 사람이 하찮은 일로 담을 쌓고 멀어지기도 한다. 눈빛만 보아도 편안한 사람과의 만남은 궁궐이나 정원에 쌓아 올린 고풍스러운 돌담만큼이나 편안하고 친근하다. 그 반대일 경우에는 금을 그어놓지 않아도 생긴 담 때문에 만나면 서로가 불편하게 된다. 한 치 앞을 내다볼 수 없는 인간관계의 만남 속에서 담은 쌓지도, 만들지도 말아야 할 것이다.

담은 울타리를 뜻한다. 너와 나의 경계를 뜻하고 이웃과 이웃의 표시를 뜻한다. 예전엔 수수깡을 엮어 울타리를 만들고, 돌담을 쌓아 울안을 만들었다. 요즘은 벽돌에 시멘트를 발라 담을 쌓고도 모자라는지 그 위에 철조망이나 병 조각을 얹는 집도 더러 있다. 그것만 봐도 다른 사람이 함부로 들어오지 못하도록 경계하는 것이다. 지금 사회가 그만큼 각박해져 있음을 이해는 하면서도 고개가 저어진다.

아파트에 사는 사람들은 담이 없어도 이웃과의 만남이 뜸해 벽을 쌓아놓고 사는 기분이 들 때가 있다. 처음 아파트에 입주하고 나서는 돌아가면서 반상회도 하고, 음식을 나누어 먹기도 했다. 요즘엔 다들 바쁘게 살다 보니 한 달에 한 번 하던 반상회도 없어지고, 가까운 사람 외엔 만남도 뜸하다. 새로 이사 온 이웃은 엘리베이터 안에서 만나도 알지 못하는 사람이 많다. 문 닫아놓고 있으면 옆집에 무슨 일이 일어나도 알지 못하는 것이 아파트 생활이 아닌가.

담은 일정한 공간을 차단하는 구조물이다. 사람과 사람 사이의 담은 낮을수록 좋고 아예 허물어 없애버리면 더 편리한 것을 직장 동료와의 사이에서 알게 되었다. 연락이 뜸한 그녀와 높고 단단한 담장이 생긴 줄 알았는데 그게 아니어서 다행이다 싶으면서도, 혹시 내가 누군가에게 담을 치지는 않았는지 돌아보는 계기가 되었다.

내가 가는 인생길 위에서 헐어버릴 수 있는 담은 모두 허물며 살고 싶다. 친구나 이웃, 또는 지인에게 어쩌면 내가 쳐 놓은 담 위에 유리병 조각이나 철조망을 얹어놓지는 않았는지 살펴봐야겠다.

(2005.)

우리를 슬프게 하는 그 무엇

올봄엔 봄꽃들이 서둘러 일찍 피어났다. 예년에 차례로 피던 꽃들이 목련을 시작으로 벚꽃, 개나리, 진달래가 한껏 뽐내며 한꺼번에 피어나 화사함으로 봄맛을 알려주었다. 이제 4월 라일락, 영산홍, 철쭉이 꽃봉오리를 열어 완연한 봄기운을 느끼게 한다.

찬란한 이 4월, 채 피어니지도 못한 꽃봉오리들이 무수히 떨어져서 안타깝다. 한창 여린 꽃망울을 보듬어 피우지 못하고 4월은 어찌 이리도 잔인하단 말인가.

탑승자 475명을 태운 '세월호'가 인천항을 출발한 이튿날 아침, 진도 앞바다에서 배가 침몰한다는 뉴스특보는 가슴을 아리게 했다. 침몰하는 그 여객선에 수학 여행길에 오른 안산 단원고 학생 275명이 타고 있었다니 몸이 떨려왔다. 제발 살아있기를 바라는 심정, 어디 나뿐이었겠는가.

며칠 지나도 여전히 바닷물 속에 처박혀있는 여객선을 바라보아야만

하는 심정은 바짝바짝 타들어가다 못해 쩍쩍 소리를 내며 갈라져 버렸다. 살아 돌아오는 생존자 소식보다는 실종자의 시신을 수습해야 한다니 실낱같은 희망의 끈이 뚝 끊겨버려서 우리를 슬프게 한다. 누구에게나 간절한 기도는 이루어진다고 하는데, 온 국민의 기도를 무시한 파도가 야속하기만 하다.

책임 있는 사람들이 자신의 자리와 역할이 무엇인지 알기만 했어도 이런 비극은 일어나지 않았을 텐데, 말로는 형언키 어려운 일이 이 나라에서 또 벌어지고 말았다.

더구나 승객의 생명을 책임져야 할 승무원들이 그 많은 학생과 일반인에게는 "움직이지 말라, 움직이면 더 위험하다. 배 안이 더 안전하다." 고 방송해 놓고, 그사이 선장은 선원들과 먼저 탈출해 구조선을 탔다니, 어이가 없다. 선박 사정은 누구보다도 배 안의 선원들이 더 잘 알고 있었을 텐데, 그 많은 청소년의 생명을 어찌 침몰하는 배 안에 내버려 두고 자기 식구들만 챙겨 탈출할 수 있었는지 이해하기 힘들다. 연륜이 쌓이면 생각하는 마음도 행동도 깊어지게 마련인데 기본의 소중함을 모르는 무지함이 빚어낸 결과라서 더욱 애가 탄다.

배는 이미 가라앉아버렸으니 우리 아이들 어찌해야 하나, 친구도 한마디 한다. "안전 불감증에 걸려있는 우리나라는 아직도 멀었어! 곳곳에 얼마나 위험천만한 사고가 도사리고 있는 줄 알아!" 누구를 향한 분노인지 울분인지, 쓴소리를 해댄다.

저녁이면 안산 단원고에서는 선후배들이 학교에 모여 촛불을 밝히며

제발 시신이라도 돌아오길 바라는 간절한 기도가 이어지고 있다. 우리나라 국민 모두가 울고 있는 요즘 가슴도 바짝바짝 말라 들고 있다. 시간을 되돌릴 수만 있다면 얼마나 좋을까.

그 와중에서도 자신의 생명을 내던지고 학생들을 살린 의인도 많았다. 물에 가라앉는 배를 보며 제자에게 빨리 나가라 등 떠밀고 물속으로 사라진 선생님, 구명조끼도 사양하고 학생들에게 선행을 베풀고 떠난 여승무원, 선장은 떠났지만 마지막까지 남아 아이들을 구조하고 숨을 거둔 세월호 직원의 이야기는 살신성인의 미담이다.

부모와 제주도로 이사 가다가 참변을 당한 다섯 살짜리 어린아이 소식이 짠하다. 어린 것이 부모 손을 놓쳐버려서 혼자 울고 있었으니, 그런 아이를 구출한 사람은 바로 학생이었다. 자신의 위치가 학생임에도 위험에 처한 아이를 살려낸 학생은 살아가면서도 얼마나 뿌듯하겠는가. 아이는 그것을 아는지 모르는지 친척 품에 안긴 눈망울을 보니 애통한 마음 금할 길 없다.

그 외에도 "우리 아이 살려주세요." 죄 없이 무릎 꿇고 두 손 모아 기도하는 어머니, 돈이 없어 뒤늦게 신혼 여행길에 올랐던 신혼부부의 이야기, 기간제 교사로 출근한 지 한 달 만에 세상 떠난 새내기 교사, 그 교사는 그날이 생일이었는데 제자들이 써준 편지를 다 읽지도 못하고 눈을 감았다니 참척慘慽을 당한 그의 부모 심정이 오죽할까. 슬픔의 도가니에서 헤어나지 못하는 내 마음도 애틋하다.

오래전에 상영되었던 타이타닉도 거대한 배가 침몰하자 선장은 어린

아이들과 여성들을 먼저 구명보트에 태웠다. 끝까지 진두지휘하며 승객이 잡을 수 있는 물건을 있는 대로 찾아 바다에 내던졌다. 구명정에 탑승하라는 부하들의 권유도 뿌리치고 배와 함께 가라앉았다. 선박 악단은 승객을 안심시키기 위해 우리는 우리의 일을 한다며 침몰 10분 전까지 음악을 연주하다 배와 함께 침몰했다. 감동적인 영화의 선장은 자신의 역할과 자리에 충실한 멋있는 사람이었다.

살아가면서 자신의 자리와 역할은 매우 중요하다. 그것을 지켜내는 일은 하나의 약속이다. 나라와의 약속, 사회와의 약속, 직장과의 약속, 가족 간의 약속이다. 이 약속을 망각하면 그다음에 오는 재앙은 상상을 초월한다. 나는 지금 내가 있는 자리에서 내 직분과 역할에 충실한가, 살펴볼 일이다.

지금 우리는 슬픔의 도가니에서 헤어나지 못하고 있다. 슬픔보다 우리를 더 슬프게 하는 후진국형 대형사고에 속수무책인 나라에 대한 실망, 분노로 밤잠을 설치고 있다. "우리 아이 살려주세요." 죄 없이 무릎 꿇고 두 손 모아 기도하는 어머니 모습이 슬프게 한다.

2014년 4월이 가고 있다. 뒤도 돌아보지 않은 채 매정하게 가고 있는 사월이 우리를 슬프게 한다. 잔인한 사월이다.

(2014. 4.)

무엇이 되어 다시 만나랴

108대의 버스가 경북 경상에 있는 선본사에 가는 날이다. 꼬리를 물고 이어지는 행렬에 내가 끼어있다는 자체가 신기했다. 수천 명의 사람과 버스가 함께 움직이는 실체를 보고 있으면서도 믿기지 않았다. 어디를 가도 길게 이어지는 행렬은 장관이었다.

휴게소에 내려서 화장실을 다녀오다가 어디서 본 듯한 여인이 비켜서 있는 걸 보았다. 고개를 갸우뚱하다가 둘의 눈이 마주치는 순간, 우리는 손을 맞잡고 반가워서 어쩔 줄 몰라 했다. 이름도 기억도 희미한 여인에게서 나는 먼 기억 속의 그날을 떠올릴 수 있었다.

20여 년 전 문학 공부하면서 경희대를 드나들 때였다. 성격, 말씨, 행동이 차분한 그분은 커다란 눈이 선하고 겸손해서 많은 이에게 호감을 주었다. 언제 보아도 조용하고 다소곳한 모습은 여인이란 표현이 더 어울렸다. 우리는 문학 전반에 대해 머리를 맞대던 시간이 있었다. 내 글도 못 쓰면서 남의 글을 수정하며 교정 봐주기도 했던 시절, 순수함이 좋아 눈빛만 봐도 그냥 마음이 끌렸다.

얼마 후 내가 먼저 등단하고 독서실을 운영하느라 잠시 문학 공부는 접어둔 채 습작만 하고 있었다. 어느 더운 여름날이었다. 그분이 스테인리스 김치통 하나 가득 햇감자를 쪄서 독서실로 가져오셨다. 날도 더운데 무거운 감자를 들고 5층까지 걸어온 것이 고맙기도 하고 미안해서 어쩔 줄 몰라 했다. 뚜껑을 여니 송알송알 작은 은구슬이 그분 이마의 땀방울처럼 송골송골 맺혀있었다.

식을까 봐 얼른 뚜껑을 닫은 흔적을 느끼며 정성 들여 쪄온 감자를 한 입 베어 무는 순간 입안이 달콤했다. 파실파실한 햇감자는 맛이 특별했다. 그분의 진심을 먹는다 생각하니 더 고소했다. 그날따라 독서실에 먹을 것이 없어 나는 물만 대접하고 말았다.

그리고는 서로 연락도 없이 까맣게 잊고 살았다. 가끔 문우들이 그분이 공부하러 나오지 않는다는 말만 전해주어 조금 안타까웠을 뿐 소식을 알지 못했다. 그 후 십수 년 만에 순례 길에서 만났으니 서로 알아보고 반가워했던 것이다.

그날 만난 이후 '삼백예순다섯 날 새롭게 하소서'란 붓글씨 한 점이 배달되었다. 그 성의에 전율이 흘렀다. 문학 공부할 때 서예를 한다 들었는데 아직도 계속하고 있었다니 그동안 갈고닦은 실력이 대단했다. 올 여름 다시 꺼내 읽다가 보내온 이의 정성을 생각해 표구를 했다. 그날 수없이 많은 인파 속에서 귀한 인연을 다시 만나게 될 줄 누가 알았을까.

인간은 누구나 자신의 존재가치를 인정받고 존중받고 싶어 한다. 스승, 부모, 자식, 지인에게 나름 괜찮은 사람이라는 소릴 듣고 싶어 한다. 그래서 인격적이나 도덕적인 면으로 더 잘살려고 노력한다. 그동안 나는 어떤 사람이었을까. 늘 자신을 낮추었던 여인의 맑은 눈동자를 생각하며 설핏 나는 괜찮은 사람인가, 돌아본다.

언제 어디서 무엇이 되어 다시 만나도 서로 도움 주고 기쁨 주는, 희망을 주고 엔도르핀이 나오게 하는 사람이 되고 싶다. 있는 그대로의 모습만으로도 유대감과 힘이 되고 위안이 되는 그런 사람이고 싶다.

(2014.)

멘토를 보내며

하루가 멀다고 전화하던 멘토가 소식이 끊긴 지도 여러 달 되었다. 다시 만날 수 있다면 기다릴 수도 있으련만, 그럴 수도 없는 상황이 안타깝다. 옥상의 국화꽃을 보면 생각나고 김장때가 되니 더욱 보고 싶다.

다섯 살 위인 언니는 늘 나와 단짝이었다. 시장이나 백화점도 같이 다니고, 맛있는 거 있으면 같이 나눠 먹고 사다 주고 친척 집 결혼식이나 큰일에도 둘이서 함께 다녔다. 옛날이야기 하며 같이 웃고, 여행하고 등산 다니고 모르는 것 있으면 물어보고 의논하며 의지했다.

내가 마음 아파할 때는 상담자가 되어 마음의 문 열어놓고 기다리기도 했다. 조그만 가시에도 잘 찔려 아파하는 내게 때론 자애로운 어머니로 마음 좋은 친구로 스승으로 다가와 야단치고 달래주고 보듬어 주었다.

어느 땐 법정 스님 책에 나오는 구절을 인용하면서 읽어보라고 권하기도 하고, 법화경에 나오는 글을 자주 알려주기도 해서 세속에 찌든 나를 일깨워 주곤 했다. 어느 땐 "너는 아직도 멀었다."라며 그릇이 작은 내게 정신적 지주 역할을 해왔다. 언니가 봉사하며 불교 공부를 하고 있었기에 좋은 말을 자주 해주었다. 언니의 말을 듣고 있으면 마음이 조율되고 위안이 되어 편안한 안식처가 따로 없었다.

살아가는 일은 믿지고 사는 것이 제일 마음 편하게 사는 방법이라고, 그저 그러려니 하고 "이 사람은 이래서 고맙고, 저 사람은 저래서 고맙다."라는 진리 같은 말을 해주어서 내 안을 살피는 계기도 되었다. 같은 뿌리에서 자란 형제인데도 어찌 그리도 도량이 넓은지 나는 언니를 따라가려면 아직도 멀게 느껴졌다.

그런 언니가 10여 년 전 오십 대 중반에 생각지도 않은 암 선고가 내려졌다. 그때만 해도 초기여서 간단한 수술을 끝낸 의사는 백 퍼센트 완치 되었다고 장담했다. 그리고 3년 뒤 재발한 암은 걷잡을 수 없이 언니의 몸속을 파고들었다. 항암과 방사선치료를 반복하며 무균실과 응급실, 중환자실 오가기를 여러 번, 심한 통증을 동반한 암은 정신을 차릴 수 없게 만들어 버렸다. 아무것도 대신 해줄 수 없는 나는 입에 맞는 음식 정도나 만들어다 줄 뿐, 병간호하며 그냥 지켜만 볼 뿐이었다. 내 걱정을 많이 해주던 언니를 오히려 내가 걱정하기에 이르렀다.

생각해보면 나는 언니와 가까이 살면서 내면적으로나 외면적으로 덕을 많이 보는 편이었다. 언니가 건강할 때였다. 내가 병명도 모른 채 몹시 아플 때 나 대신 집 안 일을 돌봐주고 링거를 맞혀주며 언니의 보호를 받았다. 밥을 먹지 못하니 무엇이 입에 맞을까 하여 도토리묵을 쑤어

오고, 멀리에 있는 순댓국집에 가서 큰 냄비로 하나 가득 순댓국을 사온 일도 있었다. 더운 여름날 뜨거운 냄비를 들고 멀리까지 가서 무겁게 들고 왔으니 얼마나 힘들었을까, 몸속으로 들어가는 수액을 바라보며 형제가 무엇이고 가족이, 핏줄이 무엇인지 눈시울이 젖어 들었다.

언젠가 언니가 우리 집에 새우젓 한 통을 들고 왔다. 예쁘게 정장을 차려입고 새우젓을 들고 왔으니 그때도 가슴이 뭉클했었다. 동네 예식장에 올 일이 있어서 일찍 서둘러 왔다는 것이다. 그것도 서울에서 산 것이 아니라 친구들과 배낭을 메고 지하철을 타고 소래포구에 간 김에 나를 주려고 사 온 것이었다. 그해 김치 맛은 언니의 정성이 가미되어서 정말 맛이 있었다.

그런 언니가 내게는 인생의 멘토였다. 나를 가르치고 인도하고 나아갈 방향을 제시해 주는 멘토, 누군가에게 멘토는 중요한 역할을 한다. 상대방에 대한 신뢰로 삶에 발전을 가져올 수 있고, 그 사람의 앞날까지도 변화시킬 수 있다. 공부하는 사람들에게 멘토는 커다란 중심축이 된다. 해바라기처럼 그를 향해 맴돌면서 그의 말에 귀 기울이고 받아들이고 공부하는 방법을 알려주어 사고의 축을 이룬다. 멘토는 자기가 먼저 취득한 지식과 경험, 노하우를 알려주기 때문에 믿고 의지하고 따라가면 훨씬 좋은 성적을 얻을 수 있게 되는 것이다.

내게도 그런 조언자 역할을 해왔던 언니가 아픈 뒤로는 스스로 그 끈을 놓아버렸다. 형부의 사업이 번창해서 이제 살 만한데, 언니의 병은 시나브로 깊어만 갔다. "인생 잠깐이다. 이만큼 살다가 가면 됐지. 지금이 순간이 행복해.” 간호하는 내게 언니는 씁쓸한 웃음을 지어 보였다. 결혼 적령기가 지나도 혼인을 안 하던 아들이 장가를 들어 행복하고, 새 며느리가 잘해주어 미덥고, 결혼한 딸들이 잘 살아주어 고맙다면서 할 일을 다 했으니 “이제 죽어도 여한이 없다.” 하였다.

그 말을 듣던 날은 눈물을 보이고 말았다. 단단히 채워두었던 마음의 빗장이 풀려버려서 쏟아지는 눈물을 주체할 수가 없었다. 여든여덟에 돌아가신 친정어머니는 고령이니 그러려니 했는데, 언니의 죽음을 받아들이기는 너무 힘들어서 자꾸만 고개가 저어졌다. 요즘은 백 세까지 팔팔하게 살다가 가자는 구호까지 나오고 있는데 예순여섯의 나이를 생각하면 안타까운 일이었다. 쓰던 통장을 해약해 오고 친구들 모임에 총무로 맡았던 돈을 인계하고, 언니는 담담하게 주변정리를 하고 있었다.

시간은 이미 언니의 생명줄 하나하나를 툭툭, 끊어 내리기 시작했을 때 나도 작별인사를 해야 할 것만 같았다. 차마 말이 나오지 않아 날마다 벼르기만 하다가 휠체어를 밀며 복도 끝에 나왔을 때 용기를 내었다.

“언니, 나 언니 같은 언니를 만나서 너무 고마웠어.”

볼멘소리 해놓고는 미안해서 가슴이 떨려왔다.

“아니다, 난 네가 엄마 같아서 그동안 고마웠다. 정말이다.”

“언니가 엄마 같았지~.”

우린 서로 엄마 같았다며 억제할 수 없는 슬픔 속에 있었다. ‘그동안’이란 단어의 의미 때문에 서로 쳐다볼 수가 없어서 언니는 고개를 숙이고 있었고, 나는 병원 뒷산을 바라보며 속울음을 울었다. 한참이나 무거운 침묵 속에 그렇게 있었다. 가슴 저미는 그 아픔의 깊이가 얼마쯤인지, 보내는 이의 심정이 그렇게 아린 것인 줄 처음 알았다.

얼마 후 언니는 기어이 돌아올 수 없는 강을 건너고 말았다. 암 투병 9년 만이었다. 언니네 밭에 유기농 채소를 길러 자급자족하였지만 소용없었다. 형부가 비닐하우스 지을 때 옆면을 아예 모기장을 쳐서 벌레 한 마리 들어오지 못하게 채소를 키워 먹었지만, 올봄 언니의 생일에 장례식을 치러야 해서 더욱 애틋했다.

계절은 어느새 늦가을로 접어들어 열매도 잎도 다 떨어지고 있다. 김장준비로 손길이 더욱 바빠지니 언니 생각이 간절하다. 떠난 후에야 비로소 느껴지는 깊은 사랑, "이 사람은 이래서 고맙고, 저 사람은 저래서 고맙다."라는 말로 내게 희망과 깨달음을 준 멘토, 나도 누군가에게 멘토가 되고 싶지만 "너는 아직도 멀었다."라던 언니 말에 의미를 다시 새겨들어야 할 것 같다.

(2012. 12. 한국수필)

가시

살다 보면 누구나 그땐 내가 왜 그랬을까 하는 후회를 하게 된다. 어려웠던 시절 부모님에게 잘해드리지 못한 불효가 있을 수 있겠고, 가까웠던 친구와 별일 아닌 일이 크게 벌어져 가시가 박혀 있을 수도 있고, 자신만이 아는 치부가 드러나 자아가 부끄러워질 때도 본인에게 느끼는 수치가 있을 수 있겠다.

지인의 연락으로 모 방송국 텔레비전 아침방송에 출연하게 되었다. 미리 전화한 작가는 이런저런 이야기를 물어 인터뷰하더니 지금까지 살아오면서 후회되는 일이 있었느냐고 물었다. 마침 '그땐 내가 왜 그랬을까'라는 주제로 글을 쓰고 있던 터여서 답변을 쉽게 할 수 있었다.

오래전 친정어머니 살아계실 때 변변한 용돈도 드리지 못하면서 마음의 갈등을 겪었던 때가 있었다. 엄마는 내가 친정에 가면 고춧가루, 마늘, 감자 등 농작물을 바리바리 싸서 차 안에 넣어주시곤 했다. 계절마다 나오는 푸성귀도 딸들이 오면 주려고 손대지 않고 기다리기도 했다. 우리 집에 오실 때는 올망졸망 작은 보퉁이를 힘겹게 들고 오셨는데, 가실 때는 별로 해드리는 것이 없어 속으론 서운하셨을 것이다.

어느 날 봉투에 돈 5만 원을 넣었다가 2만을 빼고 3만 원을 드린 적이 있었다. 그것도 넣었다 뺐다 반복하다가 기어이 빼고 드린 것이다. 난 미안쩍은 마음으로 가시는 뒷모습을 바라보다가 그만 울컥하고 말았다. 주머니에 넣었던 돈 2만 원이 부끄러운 손에 잡히는 순간 얼굴이 화끈거렸다. 가시는 뒷모습을 응시하며 후회하였다. 마음의 평수가 지금만 같아도 그러지는 않았을 텐데, 후회는 언제나 뒤늦게 찾아와 가슴을 치게 한다.

돈 2만 원의 값어치가 얼마나 될까. 큰돈도 아닌데 그 무게가 얼마나 될까. 아낄 것이 따로 있지. 그 어려운 고비 오르고 내리기를 반복하며 사신 어머니에게 내가 너무 잘못한 걸 알았을 때 어머니 모습은 보이지 않았다. 멍하니 서서 떠나는 전철을 바라보던 부끄러운 손, 부끄러운 마음, 부끄러운 기억, 두고두고 후회된다.

'樹欲靜而風不止수욕정이풍부지 子欲養而親不待자욕양이친부대 나무는 고요히 있으려 해도 바람이 멈추지 않고, 자식이 부모를 봉양하고자 하나 부모는 기다려 주지 않는다.'라는 말의 의미가 새삼 가슴에 와 닿는다. 어머니의 지청구가 그리운 요즘 그땐 내가 왜 그랬을까, 왜 그랬을까, 목에 걸린 가시가 되었다.

(2015.)

3

또 하나의 풍경

[테마] **여행**

봄나들이

미세먼지로 며칠 뿌옇던 봄 날씨가 오늘 아침엔 활짝 개어 하늘이 파랗다. 쉬는 날이라 아침밥도 늦게 먹었는데 갑자기 어디론가 떠나고 싶다. 여행을 떠나려면 계획을 세우고 채비를 해야 하는데, 아무런 준비도 없이 집을 나서고 싶다는 생각만 뜨거웠다.

누워있던 마음을 일으켜 하루 다녀올 여행지를 떠올려 보았다. 동해로 갈까, 서해로 갈까, 아니면 서울 근교로 잡을까, 망설이는 사이 무언의 암시가 동한 남편이 "지금 시각에 동해는 멀고 서해나 다녀오지." 한다. 갑자기 한 번도 가보지 않은 상상의 '꽃지해수욕장'이 떠오른다.

오래전에 한 친구가 꽃지해수욕장에서 하룻밤 묵고 왔다고 했다. 그녀는 솔밭 사이에 있는 펜션에 유숙했는데 방안에서 창문을 여니 출렁이는 바다가 한눈에 들어왔단다. 솔향기 솔솔 나는 저녁 지평선에 사라지는 일몰은 그야말로 장관이었다고, 세상 모든 시름 잊고 욕심도 단번에 내려놓고 올 수 있어서 좋았다고 했다. 그 바다가 그렇게 멋져 보이고 파도 소리가 그리워서 여러 번 다녀왔다며 꼭 한번 가보라고 했었다. 몇 번 가다 보니 '할미 섬과 할배 섬' 사이의 해넘이도 보게 되었는데 두 섬 사이로 지는 노을에 할 말을 잃었단다. 노년에 이르러 죽음을 맞이할 때 자신도 저렇게 아름다움을 연출할 수 있을까 하는 생각에 눈물이 핑 돌더라 했던 기억이 섬광처럼 스쳐 지나갔다.

남편은 예전에 친구들과 어울렸던 20대를 떠올리며 만리포해수욕장에나 다녀오자고 했지만, 친구가 한 말이 생각나 꽂지로 방향 제시를 했다. 가는 길이 다 그쪽이니, 꽂지에서 만리포, 천리포를 지나 백리포까지 두루두루 들러서 오자고 했다. 좀 더 일찍 가닥을 잡을 걸, 바쁜 마음이 종종걸음 쳐도 아침 10시나 되어 출발했다.

집을 나서니 차창에 내려앉은 봄볕이 따사롭다. 우리만 겨울 속에 살았는지 지나는 사람들의 옷차림에서도 봄이 물씬 풍겨온다. 간혹 들녘에서 냉이 캐는 아낙들의 모습과 마늘밭에 손가락 하나쯤 올라와 있는 파란 마늘잎이 봄이 왔음을 알려준다.

서해 대교를 지나 충남 안면도 꽂지해수욕장까지는 서울에서 출발한 시 4시간 만에 도착했다. 주차장이 넓은 그곳은 모래사장이 완만해서 여름에 왔다면 더 좋았을 것 같았다. 아직 춥다 싶은 바닷가엔 사람이 많지 않았으나 나처럼 바다가 보고 싶어서 온 사람들이 대부분인 것 같았다.

도심 속에만 살다가 바라보는 망망대해가 얼마 만인지, 뺨이 차갑고 손이 시려도 좋았다. 해변의 은모래는 봄볕에 반사되어 눈이 부셨고, 파도는 우리가 온 것을 환영하는지, 서슴없이 다가와 자꾸만 들이밀며 철썩댔다. 그 모습이 고단한 짐 부리는 의지력 강한 인간의 모습이었다. 갈매기 떼는 연신 파도 위에 날아오르고 젊은 연인들도 좋아라 같이 출렁거렸다. 바다에 온 것이 실감 나는 순간, 가슴이 시원했다. 한여름, 손녀와 함께 온다면 더없이 좋아할 것 같은 해변은 생각보다 한산했다.

저 멀리 보이는 '할미 섬' '할배 섬'은 밀물 때는 바다 위의 섬이 되고, 썰물에는 육지와 연결되어 가까이 가볼 수 있다고 들었지만, 내가 간 시각이 밀물 때라 물속에 잠긴 섬을 멀리서 바라보며 지는 일몰을 상상만 했다. 모래사장 끝 언덕에 하얀 펜션이 아마도 친구가 말한 솔밭이 있는 펜션인 것 같았으나 조금 늦으면 차도 밀릴 것 같아 아쉽지만 발길을 돌려야만 했다. 늦은 점심으로 게장백반을 먹고 만리포해수욕장과 천리포해수욕장에 갔다가 뒤미처 나와 천리포 수목원에 들렀다.

충남 태안군 소원면에 있는 '천리포 수목원'은 입장 시간이 늦어 20분만 허락받았다. 안에 들어서자마자 늘어선 소나무 풍경이 무공해 섬 같았다. 신비로운 기대감은 눈앞에 펼쳐진 작은 연못과 그 안에서 놀고 있는 물오리들에게서 나타났다. 종종거리며 엄마 뒤를 따르는 병아리 떼처럼 한가롭게 노니는 녀석들은 아마도 가족인 듯한 모습이 한 편의 풍경화였다. 나는 오랜만에 보는 풍광에 그대로 동화되고 말았다. 사람이나 동물이나 가족이 모여 노니는 모습은 편안하고 자연의 일부가 되어 보기에도 좋았다.

눈을 돌리니 바로 앞에 버들강아지가 눈인사한다. 버들강아지는 먼저 봄을 알리는 전령이 아닌가, 어느새 보송보송한 솜털 옷 입고서 봄이 왔음을 알리고 있으니 볼수록 앙증맞고 귀엽다. 이삭 모양으로 피어있는 버들강아지를 보고 "너를 만나 반갑구나!" 하며 잠시 눈 맞춤을 했다. 더러는 꽃꽂이한 것을 보긴 하였으나 이렇게 자연에서 만난 것은 실로 오랜만이었다.

서서히 발길을 옮기는데 저 건너 하얀 집 두 채와 나무그늘이 연못 속에 내려와 앉아있었다. 오후 4시 50분, 땅 위의 집이 연못가의 나무들과 물속에 놀러와 제 그림자로 똑같은 형상을 하고 있으니 운치 있어 좋았다. 언제인가 양평의 둘레길을 걷다가 아침 산그늘이 강물 위에 내려와 앉아있는 모습이 장관이었는데, 이 정체 또한 형체 하나가 둘이 되어 물속의 풍경으로 비추고 있으니 둘이 보기 아까웠다.

조금 올라가니 소나무 숲 너머 은비늘로 반짝이는 바다가 그림처럼 펼쳐져 있다. 솔바람에 머리칼이 나부끼고, 싸한 공기가 폐 깊숙이 들어와 몸속도 시원해졌다. 서울 근교 광릉 내 수목원과 아침고요수목원을 가 보았지만 이렇게 바나를 끼고 있으면서 아담한 정원 같은 수목원은 처음이어서 설립사에 대해 고마움이 일었다. 과연 아시아 최초로 '세계의 아름다운 수목원'으로 선정될 만하구나, 라는 느낌이 들었다.

희귀나무의 우듬지에 시선을 멈추고 있는데 여직원이 다가왔다. 빨리 나가라는 줄 알았더니 '큰 별 목련 나무'라며 자세한 설명까지 해주어 고마웠다. 묻지도 않은 친절에 도둑고양이처럼 시간 사냥을 하며 조마

조마했던 마음이 느슨해져서 '호랑가시나무'를 관찰할 때는 좀 더 진지해졌다. 사계절이 다 좋을 것 같은 수목원에서 허락받은 20분이 길고도 짧게 느껴졌지만, 새로운 나무를 응시하며 물오른 수생 식물과 교감하는 좋은 시간이었다.

하루 여정에 꽃지해수욕장의 일몰을 보지 못한 아쉬움과 백리포에 못 간 아쉬움, 천리포 수목원 전체를 보지 못해 아쉬웠지만, 정신적 충만함을 얻은 봄나들이였다.

(2013.)

차 문화와 축제

경남 하동의 차인대회가 열리는 오월, 섬진강 자락은 차茶의 향기로 가득했다. 비탈길의 차밭은 새순이 만들어낸 연녹색 이파리들로 물결을 이루고, 예禮를 통해 다례茶禮의 시연회와 들차회를 준비한 주부들의 손길은 가히 예술이었다.

전날 서울에서 예절 공부하는 수강생들과 다례를 배우는 여인들이 함께 내려가 들차회 준비하는 과정을 도우며 나도 많은 것을 배웠다. 어느새 열세 번째를 맞이한다는 야생차 문화축제는 제1회 '대한민국 차인대회 및 우리 차 마시기'를 겸해서 열고 있었다. 세계적 문화관광축제로 발돋움하는 자리여서 외국인과 볼거리, 먹을거리도 많았다. 그 바람에 전국에서 모인 차인들과 여행객들로 화개장터 옆 섬진강 변은 인산인해였다.

우리나라의 차 문화는 가야 시대를 시작으로 2000년의 역사를 가지고 있다고 한다. 하동에서 생산되는 차는 산이 높고 계곡이 깊으며 섬진강을 비롯해 크고 작은 하천이 있어 차 맛이 좋다고 한다. 밤과 낮의 기온차가 크며 안개와 햇볕, 바람, 습기가 적절해서 야생차로서는 최상의 기후조건을 갖춘 지역이라는 것이다. 수령 1천 년 이상 된 대한민국 최고의 차나무가 정금리에 자생하고 있다고 그곳 사람들의 자부심은 대단했다.

행사를 위해 모여든 차인들은 한복을 곱게 차려입고, 그동안 갈고 닦은 다례의 시연을 유감없이 발휘해 우렁찬 박수를 받았다. 특히 어린 아이들과 군인들의 시연에 나는 많은 박수를 보냈다. 어린아이들이 심신을 가다듬는 의식과 예절이 수반된 다례를 배우려는 자세와 군인들이 차의 의미를 알고 시연에 참여한 것 같아 그들의 정신세계를 높이 평가하고 싶어서였다.

시연자들의 조심스런 몸가짐은 예禮와 도道를 통해 전통의 문화적 가치를 알려주는 자리였고, 정성을 다하는 모습은 감동이었다. 한국의 미는 궁궐의 단청이나 정원, 고풍스러운 기와집에서도 느껴지지만, 한복을 곱게 차려입고 다소곳이 예를 갖춘 모습에서도 그 숨결은 살아있었다. 야생차를 우려 다과와 함께 손님에게 대접하는 여인들의 손길과 다기를 받쳐 들고 조심스럽게 걸어가는 걸음걸이의 흐름에서도 우리의 멋은 느껴졌다.

자료를 살펴보니 우전은 4월 초순(곡우 전)에 따는 어린 녹차 잎으로 만들고, 세작은 5월 초 입하 경부터, 중작은 세작(7월) 이후 따는 잎,

대작은 중작보다 더 크게 자란 거친 잎으로 차를 만드는 것을 알 수 있었다. 또 작설차는 참새의 혀를 닮아서 작설차라 하고, 응조차는 차의 잎 모양이 매의 발톱과 닮아서, 맥과차는 잎의 모양이 보리알을 닮아서 맥과차라고 한다는 것이다.

우리가 말하는 보통 차는 산다화과山茶花果에 속하는 상록관엽수 즉 차나무의 어린 순이나 잎을 말한다고 한다. 차나무로 만든 음료만이 차라는 것이다. 차의 효능은 항암효과에 좋고, 동맥경화, 고혈압 예방, 알코올과 당뇨병 완화 등 저칼로리 기호식품 음료로 다이어트에 최고의 효과를 나타낸다고 한다.

선대 다인들의 뜻을 기리는 헌다례 및 차인대회의 제정선언문이 낭독되고 내빈의 인사 말씀이 있을 때, 예지원 원장은 차는 사치하는 것이 아니라 예와 덕을 겸비한 것으로 예술성을 지니고 있다는 말씀에 우렁찬 박수가 쏟아졌다.

삶의 언저리마다 어떤 장소가 마음속에 새겨지는 날이 있다. 하동의 섬진강 자락에 펼쳐진 차 문화와 축제는 현대에서 전통문화를 바라보는 소통의 자리였고, 다례를 통해 예의와 법도를 따르던 선조의 가르침을 내 의식 속에 새겨놓은 하루였다.

(2008.)

눈으로 보고, 마음으로 읽기

초록의 함성이 느껴지는 오월, 학교 동문이 모여 남원을 찾아갔다. 서울에서 출발한 두 대의 버스가 고적답사로 찾아간 곳은 전북 남원시 노봉마을에 있는 '혼불문학관'이었다.

조금 언덕진 길을 따라 올라가는 길목엔 많은 들꽃이 반색을 하고, 옛 정취를 풍기는 물레방아가 연신 돌아가고 있었다. 입구에 있는 작은 정원과 초가지붕은 한적한 시골 들녘을 그대로 보여주어 운치가 있었다. 돌계단에 올라서니 토속적인 문화관광해설사가 편안한 미소로 인사를 하며 반갑게 맞아주었다.

주위를 둘러보니 단아한 기와집 두 채가 고즈넉한 저녁 햇살을 받아 청아한 색채로 빛이 난다. 너른 잔디밭에 빙 둘러앉은 동문은 촉각을 곤두세우며 안내자의 설명에 귀 기울였다. 메모하고 사진 찍고, 가끔은 탄성을 지르기도 했다.

60대 농사꾼인 해설사는 100여 마지기가 넘는 땅에 농사를 지으면서 들로 일하러 나가다가도 혼불문학관에 관람객이 오면 안내한다고 했다. 여인의 투박한 모습과는 달리 설명은 최고였다.

"최명희 선생님은 나만의 언어로 되어있는 사투리가 모국어라며 언어의 바다에서 한 소쿠리 건져 아이들에게 넘겨주고 싶다고 하셨어요."라며 술술 나오는 지역 사투리와 재치에 열정이 느껴졌다. "나는 복이 많아 언어와 연애하고 있어요." 자연미가 흐르는 여인의 애교스런 말에 탄성과 웃음, 박수가 쏟아졌다. '혼불은 우리 풍속의 보고寶庫요, 모국어의 보고'라는 평가를 받을 정도로 명작으로 꼽히는데 과연 명작의 해설사답게 내면의 깊이와 넓이가 느껴졌다.

문학관 안으로 들어가 진열된 유품을 살펴보았다. 작가의 독사진과 학창시절 사진을 비롯해 취재수첩, 만년필, 육필원고, 신문 연재스크랩, 상장 및 상패, 영상물, 동아일보 장편, 2,000만 원 고료 당선작 '혼불' 등 17년을 작품에만 몰두하던 작가의 흔적이 고스란히 담겨있었다.

소설 속의 주요무대인 '효원의 혼례식, 강모 강실의 소꿉놀이, 효원의 흡월정, 액막이 연날리기, 인월댁 베짜기, 깅수 영혼식, 청암부인 장례식' 등등 예전의 사회적 기풍과 세시풍속, 관혼상제를 디오라마로 연출하여 가슴에 찡한 전율이 흘렀다.

나는 쓰던 원고를 빨간 펜으로 교정본 교정지에 시선이 멈췄다. 그 위에 놓여있는 만년필을 보니 어설프기만 했던 풋내기 수필가 시절이 스쳐 지나간다. 원고지에 정성을 쏟았지만, 내 글에 빨간 펜을 죽죽 그어

대며 지적하셨던 서 교수님 모습이 오버랩 된다. 얼마나 많은 시간을 투자하고 영혼에 불을 밝혀야 후대에 길이 남을 글 한 편 쓸 수 있을까.

"웬일인지 나는 원고를 쓸 때면 손가락으로 바위를 뚫어 글씨를 새기는 것 같은 생각이 든다. 그것은 얼마나 어리석고 간절한 일이랴." 가만히 음미해 보면 자신의 한평생을 불사르고 애쓴 흔적들이 어딘지 모르게 애련하다. 온갖 정성을 들여 작품에 몰두한 집념을 생각하니 불광불급不狂不及이라는 말이 생각난다. 심혈을 기울여 작품을 쓰고 떠난 작가, 가슴이 뭉클해진다.

하나라도 더 보려고 기웃대던 걸음이 맨 나중 되어 '혼불' 한 권 사들고 잰걸음으로 나왔다. 앞서가는 사람들의 발걸음에 누가 될까, 재촉하는 마음에 미련 한 사발이 남는다. 잠시나마 나의 혼을 투영시킨 혼불문학관, 소설 속의 정서를 그대로 느끼며 눈으로 보고 마음으로 읽으며 돌아섰다. 마음은 그곳에 놔두고 몸만 가만히 빠져나왔다.

(2010.)

휴 휴의 의미

남편 고등학교 동창들이 부부동반으로 모여 여름휴가를 보냈다. 강원도 횡성, 휴양림이나 다름없는 친구 별장에서 오래 기억할 시간을 함께했다. 벌써 몇 년째 여름과 겨울을 그곳에 다녀오는데, 만나는 반가움과 더 머물고 싶은 시간을 떠나야 한다는 아쉬움이 교차하곤 한다.

첫날은 횡성 한우와 옥수수 쪄먹고 숲속에서 쉬다가 이튿날은 여자들끼리 집 구경을 나섰다. 산속에 새로 지은 집들은 노랫말처럼 저 푸른 초원 위에 그림 같다. 이제는 청년보다는 노년으로 사는 삶이 길어졌으니 느지막이 이런 곳에 와서 자연을 벗하며 살면 좋겠다고 입을 모은다.

꼬부랑길을 따라 한참 걸으니 어디서 날아왔는지 나비 한 마리가 덩실덩실 춤추며 쫓아와 어깨를 툭 치며 빨리 가라 이른다. 가다 보니 스위스의 자연 속에 있는 예쁜 집들이 연상되어서 다른 나라에 와 있는 듯한 착각이 든다.

천문인 마을 바로 뒤쪽, 조금 올라가니 야생화가 지천인 예쁜 집에 시선이 멈췄다. 조금씩 비를 뿌리던 하늘도 꽃구경하라고 이내 해님이 방긋 웃었다. 양해도 없이 선뜻 안으로 들어서기 뭐해서 "안에 계세요?~" 불렀으나 인기척이 없다. 바람도 손님이 될 것 같은 고요함에 마냥 서 있는데 일행은 벌써 저만치 들어가 꽃들과 대화하고 있다. 멀리서 보았을 때는 마냥 예쁜 집이었는데 가까이서 보니 수많은 야생화가 꽃동산이었다.

그때 집 뒤쪽에서 누군가 나타났다. 허락도 없이 꽃향기에 이끌려 들어왔다고 하니 "괜찮습니다. 얼마든지 구경하세요." 한다. 주인의 인심을 알 수 있는 말 한마디에 마음 편안히 둘러볼 수 있어 좋았다. 정원은 잔디가 말끔히 정돈되어 있어 얼마나 정성 들였는지 미루어 짐작되었다.

주인은 이런 산속에 오신 것만으로도 반갑다며 궁금히 여기는 갖가지 꽃에 대해 성심성의껏 알려 주었다. 마치 꽃 해설사 같아 염치 불고하고 이것저것 물어보았다. "어느 꽃이고 예쁘지 않은 것은 없어요." 꽃이 예쁘고 미운 것은 본인 생각이지, 꽃들은 제각각 다 예쁘다는 것이다. 설악초, 꿩의다리꽃, 상사화, 섬초롱, 삼색제비꽃, 족두리꽃, 등 헤아릴 수 없을 정도의 꽃과 식물이 어우러진 정원은 아담했다.

나는 작고 여린 삼색제비꽃이 귀여웠다. 괴테의 시 가운데 '앉은뱅이 꽃의 노래'란 글귀가 생각나기도 했지만 '작고 사소한 것이 아름답고 기쁨을 선물한다.'는 글귀도 떠올랐다. 묻고 또 물어도 싫은 내색 없이 설명해 주는 주인의 아량에 이런 데 살면 다 저리될까 싶었다. 허락도 없이 무단침입한 객들을 따뜻한 미소로 대접할 수 있는 마음, 그것이 나이 듦과 여유로움에서 나오는 것이 아닐까.

부인들은 여자들만 야생화 보는 것이 안타깝다며 숙소에 돌아와 남편들에게 꽃동산에 다녀온 이야기를 했다. 이튿날 아침 밥상을 물리고 남편들과 어제 갔던 그 집을 다시 찾았다. 꽃 이야기가 지남철 되어 우리를 초대했던 남편 친구도 합세했으니 의기양양해서 발걸음은 더 가벼웠다. 조금 미안한 감은 들었지만, 어제처럼 그냥 집 안으로 들어섰다. 조금 있으려니 주인이 나와 남편 친구를 보자 한 동네 사는 지인이 찾아왔다고 전날보다 더 반가워하였다.

주인은 연못을 만들지 않고 고무함지박에 부레옥잠 키우는 이유를 풍수지리설을 들어 설명해 주었다. 이때 나는 어제 수첩이 없어 적지 못한 야생화 이름을 다시 물어 필기했다. 여기저기서 '나 여기 있어요.~' 꽃들이 손짓하며 재잘거려도 설레발치지 않고 유유자적했다.

순박한 소년 소녀가 된 일행이 잔디밭에 모여 기념사진 찍고 나니 조용하고 참해 뵈는 안주인이 부레옥잠 한 뿌리씩을 선물했다. 화장기 없는 얼굴에 편안한 옷차림의 여인은 자연미가 흘렀다. 한두 집도 아닌, 여섯 집에 정성껏 키운 화초를 전해주며 수질 정화능력이 뛰어나다는 말을 전해주어 고마웠다.

나오다가 집 앞에서 문패 같은 '休 休'라는 단어에 시선이 멈췄다. 쉴 휴休의 의미를 알 수 있었으나 두 글자가 나란히 있어 혹여 다른 의미가 있나 싶었다. 주인은 '휴 휴休休'는 이곳에서 쉰다는 뜻도 있지만, 몸도 마음도 내려놓는다는 의미도 있다고 했다. 아! 그랬구나.

인생 후반에 숲, 풀, 꽃과 더불어 '休 休'를 내걸고 편안한 경지에 이른 부부의 모습을 보면서 내 안의 뜰도 정성껏 가꿀 때 비로소 빛나는 정원이 되겠구나 싶었다. 짧은 휴식에서 얻은 휴 휴의 의미, 새삼 가슴에 와 닿는 날이었다.

(2014.)

또 하나의 풍경

겨울 날씨답지 않게 포근한 날에 강원도 횡성의 남편 친구 별장에 갔다. 그곳은 전날 눈이 많이 내려서 겨우 자동차 길만 나 있었다. 눈 쌓인 산길을 자동차로 달리니 처음 그곳에 갔던 여름의 하얀 망초 꽃길이 생각난다. 오솔길이 있던 그 길이 좋았는데, 도로를 넓히는 바람에 이젠 아련한 그리움 속에 묻혀버렸다.

해발 600고지, 서양식 예쁜 집엔 벌써 서울과 횡성에서 와 있는 친구들이 우리 부부를 맞이했다. 내가 제일 막내인 이 모임은 40여 년을 함께 만난 부인들이 더 반색한다. 휴양림이나 다름없는 그곳에 모인 친구들은 횡성 사람들로 남편 고등학교 동창들이다. 학교 선생님, 공무원, 회사원, 은행지점장, 농장주인, 사업 등으로 그동안 열심히 살아온 얼굴들이 이젠 황혼의 초입에 들어섰다.

전부 모이면 열네 사람, 그날은 두 부부가 빠져서 열 사람이 모였다.

저녁엔 미리 시장 봐 온 거로 대구 매운탕을 끓이고, 횡성 한우 굽고 그 지역의 쌀로 밥을 지었다. 집집이 음식 한 가지씩 가져오라는 연락을 받아서 나는 우엉조림과 맛있는 동치미를 가져갔다. 솜씨 좋은 분이 군침이 도는 도토리묵을 손수 쒀 오고, 깻잎장아찌, 김치, 마늘장아찌, 상추쌈과 각종 채소 등 진수성찬이었다. 건배사를 외치는 "위하여"는 그 어느 때보다 더 우렁찼다.

수십 년 만나다 보니 이젠 가족 같은 분위기에 좋은 사람들과 산속에서 맛있는 음식을 먹고 있으니, 그동안 쉼 없이 달려온 시간 앞에 쉼표를 찍고 있는 느낌이 들었다.

짧은 겨울 해가 아쉬운 듯 멈칫거리더니 이내 어둑발이 내리고 거실 벽난로의 장작이 타올랐다. 타닥! 소리를 내는 장작 불빛 사이로 친구들 얼굴이 어리고 마음도 덩달아 뜨거워졌다. 서로 의지하며 지낸 시간의 고마움은 잔칫집 분위기로 물들어 떠들썩했다.

여자들은 황토방에 모여 그동안 침잠되었던 이야기를 수면 위로 밀어 올리며 웃음꽃을 피웠다. 어려운 터널을 지나온 인생을 산 증인들의 다큐멘터리는 각본 없는 드라마였다. 여자로 한평생 사노라면 소설 한 권쯤 쓸 수 있다 하지 않던가. 포장하지 않은 진실에 공감대가 형성되어 고개를 끄덕이며 추임새를 넣기도 했다. 누구라고 어려운 순간이 없었을까, 시댁, 시누이, 부부로 함께 산 40여 년, 무성하게 피고 지던 근심 걱정 잠재우고, 작은 긁힘에도 참고 인내하며 살아온 날들이 이어져 오늘에 이르지 않았는가. 생의 무늬는 달라도 한세상 살아온 이들의 삶은 엇비슷했다.

거실에서는 남편들의 호탕한 웃음소리가 수학여행 온 학생들처럼 밤 늦은 줄 모르고 이어지고, 교감하고 소통하는 시간에 간간이 들려오는 노랫소리는 한데 어울려 하모니를 만들었다. 너무나 바쁘게 돌아가는 일상이지만 정이 넘치는 그 시간만큼은 한유했다.

부인들도 서로에게 고마워하며 이런 날이 얼마나 있겠느냐며 소중한 만남을 기쁨으로 표현했다. 따끈한 황토방에 누워 흙냄새, 소나무 향기 맡으며 아무렇게 눕거나 앉아 도란도란 이야기 지줄대는 겨울밤이 그렇게 깊어갔다.

이튿날은 지역 관광에 나섰다. 조금만 가면 영월 땅이라 자동차 두 대로 영월로 향했다. 일행 중 여행을 자주 하는 분이 있어 가면서 계속 안내를 해 주어 귀가 솔깃했다. 먼저 영월에 있는 한반도 지형을 둘러보고 정선으로 향했다. 정선은 여러 가지 볼거리가 많지만, 장터에 가서 맛있는 점심을 먹기로 했다.

가족 여행을 통해 몇 번 가본 영월은 갈 때마다 느낌이 달랐다. 그날은 장날이 아니어서 민속놀이 하며 부르는 정선아리랑을 보지 못해 아쉬웠다. 시장이 크지 않다고 여겼는데 아는 분의 안내로 돌아보니 안으로 들어갈수록 크고 넓었다. 골목도 많고 지나는 길에 먹을거리가 즐비했다.

우리는 수수부꾸미, 모둠전(메밀전병, 메밀부침, 녹두전), 콧등치기 국수 등을 먹었다. 그곳의 특산물이 여느 음식보다 정갈하고 담백해서 정말 맛있었다. 모둠전은 금방 동나서 한 접시 더 시켰다. 더구나 전날

고기를 많이 먹어서 속이 느끼했는데 개운했다.

횡성에서 원주, 영월, 평창, 정선 땅을 밟고 돌아오는데 눈발이 성글게 내렸다. "야, 축복이다!~" 짓궂은 누군가가 소리치자, 갑자기 차 안이 한껏 들떠 술렁거렸다. 자동차도 들썩들썩 웃음소리가 한 덩어리였다. 숙소에 도착하니 시나브로 내린 눈이 두고 간 자동차를 하얗게 덮어버렸다. 눈 나라가 된 세상이 오늘만큼은 '쉬어도 괜찮다'라고 신호를 보내는 것 같았다. 마음이 들뜬 일행은 다들 헤어지려던 계획을 접고 말았다.

다시 방 안에 모여앉아 두런두런 새로움이 펼쳐지고, 나는 혼자 밖으로 나가 내리는 눈을 맞았다. 오가는 이 아무도 없는 하얀 세상, 날은 저물어 어둑한데 눈가루 흠뻑 뒤집어쓴 소나무를 카메라에 담았다. 갑자기 하얀 도화지 속에 내가 들어와 있는 듯한 착각이 든다. 내가 풍경이 되고 그림이 되는 시간, 저쪽에서 또 다른 어둠이 몰려와 주위를 감싸 안았다. 순간 무섬증을 느낀 나는 다람쥐처럼 두리번거리다가 얼른 집 안으로 들어섰다.

방 안에선 농축된 이야기가 여전히 익어가고, 칠흑 같은 밤이 되자 유리 창문엔 눈 오는 풍경이 실루엣으로 비쳤다. 고갈된 마음의 우물을 채우며 솔숲 우거진 산속에서 따뜻한 하루가 또 그렇게 기울었다.

이번 여행은 간이역을 향해 숨 가쁘게 달려와 정차한 기차처럼 몸도 마음도 에너지 충전 잘했다 싶다. 아름다운 결을 더하는 이들의 만남이 또 하나의 풍경을 저장해 놓았다. (2016.)

다산초당에 머물며

봄볕 좋은 날 남도 역사 문화탐방으로 전남 강진을 돌아보았다. 김영랑 생가를 나와 조선 후기 실학자 정약용(1762-1836) 선생의 유배지였던 다산초당으로 가는 길은 동백나무가 꽃을 피운 채 가로수처럼 서 있었다.

대나무 숲을 지나자 이미 그곳을 다녀오는 아주머니 한 분을 만났다. 초면인데도 "가는 길이 심상치 않으니 이걸 짚고 가라."며 나무로 된 가느다란 지팡이를 건네준다. 솔숲 우거진 산길을 가다 보니 나무뿌리가 울퉁불퉁 불거져 나와 길이 험했다. 그 옛날 정약용 선생이 담담히 걸어갔을 이 길을 내가 걸으며 유배자의 심정을 헤아려 본다. 정호승 시인이 이 길을 걷다가 '뿌리의 길'이란 이름을 지었다고 하는데 길은 돌부리가 많고 굵은 나무뿌리가 툭툭 불거져 나와 산을 움켜쥐고 누워있었다.

깊은 정을 나누며 살아가는 사람들의 마음이 돈독하듯이 뿌리로 얽힌 나무들의 우정도 더 깊고 단단해졌을 것 같다. 지나는 사람들이 마구 밟고 올라가야 하니 아플 때마다 인내심도 키웠을 것이다.

뿌리의 길이 끝나고 돌계단으로 이어진 길을 지나자 멀리 다산초당이 보인다. 지난해 경기도 남양주 생가에 들렀을 때와는 전혀 다른 느낌이다. 평지와 산 중턱의 차이라 해야 할까, 생가는 넓고 동영상과 많은 자료를 볼 수 있었으나 다산초당은 수리 중으로 보조물이 설치돼 있어 아쉽게도 방 안은 볼 수가 없었다.

다산초당은 초가집이 아닌 기와집으로 소박하고 깔끔했다. 초당을 복원할 때 자주 바꿔 주어야 하는 초가의 어려움이 있어 기와로 바꾸었다는 해설사의 설명이다. 모든 욕심 내려놓고 자연을 벗하며 책 읽고 글 쓰고 제자들 가르치고, 학문에만 전념했을 그곳의 정취를 느끼기엔 충분했다. 관광객의 말소리와 더불어 새소리, 솔바람 소리만이 정적을 깨웠으니 그 옛날 얼마나 외로웠을까. 그는 18년의 긴 유배 기간에 자신의 학문을 연마하며 경세유표, 목민심서, 흠흠신서, 여유당전서 등 500여 권에 이르는 방대한 저술을 남겼다. 관료로서는 암흑기였던 시간을 실학적 학문을 완성하는 기회로 활용하였으니 후대 사람들에게 존경하는 인물로 손꼽힌다. 위대한 저술 대부분이 이곳에서 이루어졌다 하니 나도 그 기운을 받고 싶어 심호흡을 크게 했다.

초당 옆에 인위적으로 만들었다는 작은 연못은 하늘은 둥글고 땅은 네모나다는 천원지방天圓地方의 성리학 사상을 상징하는 네모 연못에 둥근 섬을 만들었다고 한다. 가운데 섬처럼 쌓은 돌무더기가 인상적이었는데, 이는 석가산石假山으로 정약용 선생이 직접 쌓았다고 한다. 그 외에도 다산이 직접 쓰고 바위에 새겼다는 정석丁石, 약천, 다조 등을 볼 수 있어 그분의 체취를 느낄 수 있었다.

관어제觀魚齊란 현판이 눈에 띄었다. 정약용 선생이 마음이 외롭고 허전할 때면 연못의 잉어를 바라보며 잉어와 대화하던 장소이다. 유배지에서의 외로움, 가족들의 안부, 그리움에 물고기와 이야기하며 지냈다고 하니 그의 마음 미루어 짐작되었다.

다산초당은 초당과 서암, 동암, 천일각이 있었다. 송풍루라고도 불리던 동암은 목민관이 지녀야 할 정신과 실천방법을 저술한 목민심서를 완성한 곳으로 천일각을 세울 때 강진군에서 새로 복원하였다 한다.

동암에는 두 개의 현판이 걸려있었는데 다산동암茶山東菴은 정약용의 글씨를 집자集字한 것이고, 보정산방寶丁山房은 정약용을 '보배롭게 모시는 산방'이란 뜻으로 추사 김정희가 썼다고 하니 추사가 다산을 얼마나 존경했는지 알 수 있음이다. 다산은 저술에 필요한 책을 2천여 권 갖추고 동암에 기거하며 손님을 맞았다고 한다. 대부분 시간을 그곳에 머물며 집필에 몰두했다는 것이다.

동암을 지나 천일각에 이르니 강진 시내가 한눈에 들어온다. 고향이 그리울 때 마음을 달래던 장소에 이 정자를 세웠다니 지금은 지나는 길손이 쉬었다 가게 된다. 그곳에서 백련사 가는 오솔길이 나 있었는데 일정 때문에 거기까지는 가지 못했다. 그 길을 걸어가 보았더라면 다산과 백련사 혜장스님의 우정 어린 마음을 조금이나마 헤아릴 수도 있었을 텐데 아쉽게도 돌아서야 했다.

동백 숲과 야생차가 아름답다는 백련사 가는 길은 기약도 없이 접고 말았지만, 봄날 소박하고 순수한 선비 정신에 머물렀던 시선은 한동안 잊지 못할 것이다.

(2015.)

편백숲에 안기다

남도 역사 문화탐방 팀이 황토로 지어진 펜션에서 하룻밤 묵고 장흥 편백숲으로 향했다. 전날 다산초당에 들러 피곤할 만도 한데 기분이 상쾌했다. 친환경 지역으로 알려진 정남진 우드랜드는 가는 것만으로도 마음이 설렜다.

자연 휴양림에 들어서니 하늘을 찌를 듯 곧게 뻗은 편백들이 4월의 하늘을 뒤덮고 있었다. 봄이 짙어지니 잔뜩 물오른 나무 향내가 자꾸 심호흡하게 한다. 천천히 걷다 보니 맑은 공기, 솔바람이 봄 향기를 몰고 와 '요한슈트라우스의 봄의 소리 왈츠'가 들려오는 것 같았다.

고개를 들면 나뭇가지 사이로 아침 햇살이 눈부시게 쏟아지고 새소리도 들려와 몸이 저절로 리듬을 타고 흘렀다. 오감을 자극하는 자연 속에 있으니 한순간에 마음이 정화된 느낌, 이것이 힐링인가 싶었다.

가는 길목에 노송나무로 가득 채워진 목재 문화체험관에 들러 해설사의 안내를 받았다. 숲의 말레길은 휠체어나 유모차도 갈 수 있어 노인과 어린아이도 이용할 수 있는 탐방로라 했다. 목재에서 나오는 향기는 심신의 피로를 풀어주고, 나무로부터 발산되는 피톤치드와 테르펜이 유해한 병균을 죽이고 심리적 활성 효과를 느낀다고 한다.

실지로 생쥐를 마취시키고 깨어나는 시간을 측정했더니 대팻밥을 깔아준 상자에 있던 생쥐가 더 빨리 깨어났다고 한다. 그만큼 삼나무 대팻밥에서 발산되는 향이 쥐의 간에서 분비되는 약물 대사효소의 활성을 2~3배 증가시켜 마취약의 분해가 빨리 일어났기 때문이라는 것이다.

전시장은 편백을 나이테 별로 전시해놓아 눈길을 끌었다. 나이를 더할수록 영역은 넓어지고 결이 고운 나무는 부끄럼 없이 속내를 드러내고 있었다. 그 모습을 보니 나의 나이테도 해를 더할수록 결이 고왔으면 싶었다. 청정한 공기를 내뿜는 침엽수처럼 맑은 공기를 냈으면 싶었다.

한쪽엔 여러 가지 나무 종류, 목조 건축물, 목제 레일, 나무로 만든 컴퓨터, 블록, 로봇, 자동차, 오르간 등을 전시해 체험해 볼 수 있었고, 그 정교함에 감탄했다. 그곳에 심은 나무가 불과 40여 년 되었다고 하니. 자연 친화적 환경을 조성한 앞서간 이의 발자국이 후세에게 어떤 영향을 미치는지, 설립자의 사진을 보며 대단한 분이구나 싶었다.

밖으로 나가 크기를 가늠할 수 없는 나무들이 죽죽 늘어서 있는 길로 천천히 걸으니 노송나무가 호위해 주는 느낌이 든다. 길옆의 크고 작은 식물들은 한데 어울려 서로를 보듬어 주고, 그 길은 톱밥을 깔아 스펀지처럼 폭신폭신해서 맨발로 걷고 싶은 충동이 일었다. 나무 부스러기를 한 움큼 떠서 만져보고 코에 대보니 향긋함이 물씬 풍겨 나온다. 초록 향기와 더불어 맑은 공기를 배불리 먹고 있으니 몸의 움직임이 즐겁다고 신호를 보내는 것 같다. 내 몸에 언제 이런 여가로 휴식을 주었는지, 내 안의 에너지가 솟아나는 것 같아 키를 가늠할 수 없는 나무들이 고마웠다.

풍욕할 수 있는 곳에 이르자 누군가가 몸에 걸친 옷을 다 벗어야 하느냐고 짓궂게 물어 다들 까르르 웃었다. 해설사도 웃으며 예전엔 그렇게 하였으나 종교단체에서 말이 있어 요즘은 종이옷 한 장 걸치는데 지금은 날씨가 추워서 중단한 상태라고 한다. 알몸의 모습을 상상해서인지 여기저기서 쿡, 쿡, 웃음 참는 소리가 들렸다.

그 안은 넓고 크게 울타리가 쳐져 있는 가운데에 작은 동굴이 하나 있었다. 몸을 웅크리고 들어가니 천장, 바닥, 벽면이 전부 나무로 돼 있고, 가운데 커다란 평상 역시 나무로 짜여 있었다. 긴 의자도 여러 개 있어 여기저기 앉아서 편안히 쉴 수 있었다.

산림욕을 하고 있어서인가, 저절로 피로가 풀리는 것 같은 몽환적인 느낌, 아늑했다. 마치 누구도 범접할 수 없는 신선한 공간에 들어와 휴식을 취하고 있는 듯한 착각이 들어 다들 동굴 속에서 담소하며 일어설 줄 몰랐다.

요즘 자연 휴양림을 찾는 인구가 부쩍 늘고 있다. 인간이 살아가면서 먹는 것도 중요하지만, 자연 속에 머물러 쉬엄쉬엄 걸으며 자연의 일부가 돼 보는 것도 좋은 휴식이 될 것이다. 사느라 힘든 일을 숲에다 부려놓고 통나무집, 돌집, 황토 흙집에 머물며 한 박자 쉬어가는 여정은 일상생활에서 느껴보지 못했던 그 무언가를 얻을 기회도 된다.

청정한 기운이 감도는 숲속을 한 바퀴 돌아 나오면서 뒤돌아보니 키 큰 나무들이 봄바람에 살랑거린다. 잘 가라고 손 흔들던 어머니 생각에 울컥해서 금방 나온 길을 다시 가고 싶었다.

편백숲에서 좋은 사람들과 자분자분 이야기하며 나무의 고마움, 참 기쁨, 잠깐의 휴식이 주는 여유, 평안 등으로 그동안의 스트레스가 조금은 가셔진 느낌이다. 치유의 숲이 너그러운 마음으로 날 품어주었으니 힐링 한번 잘한 것 같다.

(2015.)

논골담길 벽화

가을을 배웅하는 비가 내리는 날 서울 동대문문화원 역사문화 탐방팀이 강원도 동해시 묵호에 있는 논골담길을 찾았다. 묵호항에서 바다를 바라보며 계단을 오르는데 바닷바람에 성난 파도가 요동쳤다. 우산이 뒤집혀 날아갈 정도였다.

출렁출렁 출렁다리를 지나 묵호 등대에 오르니 동해문화원장과 사무국장, 문화해설사까지 나와 반겨주었다. 동대문문화원과 동해시가 자매결연을 한터라 미리 연락한 것이었다. 여행길에 누군가 아는 사람이 나와 반갑게 맞아주면 마음이 푸근해진다.

어딜 가든 문화 해설사는 그곳을 찾는 관광객에게 친절한 안내와 많은 정보를 제공해 주어 반갑다. 우산을 쓰고 설명하는 60대 아저씨도 그 지역을 위해 최선을 다하는 사람 같았다.

등대 앞에서 설명을 듣고 바로 옆에 있는 논골담길로 향했다. 바다가 내려다보이는 비탈진 언덕길엔 형형색색의 작은 집들이 다닥다닥 붙어 있었다. 어느 집은 손바닥만 한 게 성냥갑처럼 생겨 언덕배기에 착 엎드려 있었나. 위에서 내려다보니 다랑논을 연상케 했고 달동네 같기도 했지만 아늑했다. 어쩌면 작아서 더 예쁘고 편안할 것 같았다.

한 줄로 서야만 갈 수 있는 좁은 골목 담벼락엔 그곳 주민들의 생활상을 그대로 표현한 벽화가 눈길을 끌었다. 오징어를 다듬는 아주머니, 바다 그림, 오징어 말리는 풍경, 명태, 양은 주전자, 돈을 물고 있는 강아지, 바늘 없는 시계 등이 있었으나 유독 장화 그림이 많았다. 모자 쓴 할아버지 그림에는 "사람을 찾습니다. 이름 : 지게 할아버지, 특징 : 고단한 삶을 지고 있음"으로 그곳 사람들의 애환을 표현했다. 무엇보다도 60년대 놀이로 사방치기 그림판과 말뚝 박기를 하는 어린 남자애들의 그림 앞에 잠시 유년의 뜰로 돌아가 보기도 하였다.

문화해설사는 예전의 묵호는 어업에 종사하는 사람이 90%나 되었다고 했다. 그는 고기를 잡아 오면 총괄하는 책임자로 경매하였는데, 정년퇴임한 후엔 통장 일을 맡아 하다가 동해문화원의 사무국장을 만나 이 일을 시작했다고 한다. 젊은 사람이 묵호를 위해 애쓰는 걸 보고 본인도 힘을 보태고 싶어서 해설사가 되었단다.

지금은 세대수 이천 백 세대에 인구 사천 명도 안 되는 묵호가 이삼십 년 전엔 오징어와 명태가 많이 잡혀 어선들이 활기를 띠었다고 했다. 그로 인해 전국의 어부들이 몰려와 일하곤 했는데, 집이 없어 조그맣게 집을 지어 살기 시작하면서부터 이렇게 작은 집들이 생겨났다는 것이다.

그때 바다에서 잡은 고기를 지게에 지고 언덕배기 집으로 나르느라 길바닥은 늘 질척거려서 장화를 신지 않고는 다닐 수 없었단다. 그래서 "마누라 없이는 살아도 장화 없이는 못 산다."는 말이 생겨났다는 것이다.

태어나서 지금까지 65년을 그 동네에 살아서 집집이 모르는 사람이 없을 정도라는 그는 고향을 지키는 파수꾼이나 다름없었다. 그에게 제일보람 있을 때가 언제냐고 물었더니, 부부가 아이들 데리고 찾아와 아이들에게 이 고장을 설명해줄 때, 헛된 일 하는 게 아니구나 싶어 뿌듯했다고 한다. 그때가 보람 있고 힘이 난다고 했다. 그는 노래하는 해설사로도 유명하다. 우리는 어느 한 사람의 끊임없는 노력으로 많은 사람이 힐링을 느끼게 될 때 즐거움을 얻는다. 자신의 자리에서 최선을 다하는 사람을 볼 때 그것만으로도 흐뭇해진다.

아주 오래전에 이곳 선술집에서는 막걸리나 소주를 마시며 자신의 애환을 노래하는 사람이 많았단다. 대부분 가족과 떨어져 살아야 해서 비 오는 날이면 처량한 노래를 부르며 자신의 삶을 달래는 사람이 많았는데, 남자들의 고단한 삶의 이야기는 기가 막히고 가슴 저린 사연이 많았다고 한다.

이야기를 듣고 있으니 감동적인 영화 한 편을 보는 것처럼 그 속으로 빠져들었다. 가족을 두고 떠나와 작은 집을 짓고 살았던 어부들의 쓸쓸함, 외로움이 고스란히 그려져 난 메모를 하면서도 마음이 짠했다.

가난하고 힘들었던 그때 모두의 애쓴 시간이 오늘날 우리나라가 잘살게 된 원동력이 아닌가. 그는 할머니가 지팡이 짚고 언덕을 오르는 걸 보면 얼른 다가가 도와드리며 노래를 불러드린다고 한다. 노래를 들으면 힘이 나고 가다가 쉬면서 이야기의 공감대가 형성되어 고맙게 생각하고, 조금은 쉽게 언덕을 오른다는 것이다. 할머니들은 위안을 얻어 아들처럼 생각했으리라. 그래서 그는 그곳을 찾는 관광객의 나이에 맞춰서 노래를 불러준다고 했다.

80세가 된 어르신이 오면 '한오백년' '청춘을 돌려다오' 등을 부르기도 하고, 춘천에서 오면 '소양강 처녀' 목포 사람이 오면 '흑산도 아가씨' 등을 미리 인터넷으로 뽑아서 가사를 익히고 연습해 불러준다고 했다. 비옷 입고 우산 쓰고 노래를 듣는 일행의 얼굴은 웃음이 가득했지만, 그의 깊은 뜻을 헤아려보니 고개가 절로 끄덕여졌다. 묵호항을 배경으로 살아온 사람들의 인생 스토리가 재미있는 벽화로 그려진 사실도 이해할 수 있었다.

벽화 마을은 통영의 동피랑 마을, 여수의 고소동 천사벽화 마을, 서울의 이화벽화 마을 등이 유명한데, 어느 지역이든 그곳을 지키는 지킴이의 열정은 대단하다. 논골담길 역시 그 지역을 위해 애쓰고 있는 사람들이 문화라는 새 옷을 갈아입혀서 전국의 관광객을 불러들이고 있다. 한두 사람의 협동심이 재탄생되어 벽화로도 유명한 마을을 만들어 냈다. 내 마음속의 풍경이 된 논골담길 사람들이 행복했으면 좋겠다.

(2015.)

전통의 고풍스러움

묵호항을 떠난 역사문화 탐방객 40여 명이 국가지정 중요민속문화재 5호인 강릉 선교장에 도착했다. 겨울을 재촉하는 가을비가 내려서 관람객의 발길이 뜸해 돌아보기엔 오히려 좋았다.

멀리서 보아도 기품 있게 느껴지는 고택이 예전엔 어떤 사람들이 살았을까 궁금했다. 입구에서 단발머리의 예쁘장한 해설사의 안내를 받았다. 그녀는 조리 있고 빈틈없는 해설로 관객을 사로잡았다. 말소리까지 청아해서 일행이 여러 번 혀를 내둘렀나. 저런 이를 만나 해설을 듣는 것도 축복이라며 다들 귀를 쫑긋 세우고 하나라도 더 듣고 싶어 앞서거니 뒤서거니 그를 따랐다.

활래정活來亭에 이르자 커다란 연못의 연잎이 풀죽은 모습으로 일행을 맞이했다. 연꽃이 만발했을 때는 볼만했겠다 싶었으나 서리 맞은 연잎 모습은 처연할 정도였다. 활래정은 1816년 지어진 정자로 맑은 물이 끊임없이 온다는 뜻이라고 했다. 벽이 온통 한옥 문으로만 돼있는 독특한 구조의 정자는 인공연못과 자연의 조화로움 속에 우뚝 서 있었다.

연지를 만들고 가운데에 ㅁ자 섬을 만들어 소나무를 심었는데 이는 신선계를 상징한다고 한다. 예전에 시인 묵객이 이곳에 머물며 문화예술의 향기를 피우던 곳으로 들어가는 입구에 월하문月下門이라는 문을 세웠다니 운치를 더했다. 나도 문화예술의 향기를 느끼고 싶어 마음 다잡고 그 문 안으로 들어섰다.

조금 걸어가니 멀리서 기품 있게 보이던 그 고택 앞에 당도했다. 언젠가 북촌마을을 둘러보았을 때 기와집이 참 멋있다는 생각이 들었는데, 그곳과는 사뭇 다른 고즈넉한 분위기의 고전적인 풍경에 붙박이처럼 서 있었다.

선교장은 조선조 최고의 부자로 효령대군(세종대왕의 형)의 11대손인 이내번이 족제비 떼를 쫓다가 산세가 좋고 아늑하여 터를 잡았다고 한다. 이곳은 경포호수의 경관을 바라보며 관동팔경을 유람하는 조선의 선비와 풍류객의 안식처가 되었던 곳이란다. 만석꾼의 곳간 채에는 항상 곡식이 가득하여 흉년에는 창고를 열어 이웃에게 나누어주며 베푸는 집의 표상이 되기도 했다.

그동안 후손들이 필요에 따라 증축하는 데 300년이 걸렸다니 그 집안의 후손들도 대단하다 싶다. 주인집 150칸 노비 집 100여 칸으로 소속된 노비만 해도 엄청났다. 설명을 듣다가 갑자기 많은 사람의 움직임이 상상되고 대하드라마 속에 내가 들어와 있는 듯한 느낌이었다.

굴뚝은 대부분 집 뒤쪽에 있는데 선교장은 굴뚝이 앞쪽으로 나와 있어 의아했다. 실용성 있고, 자연스럽게 지으려 앞쪽으로 나와 있는 것이 특징이라고 한다. 지금도 후손이 살고 있다니 얼마나 가슴 뿌듯하고 긍지를 느낄까, 다들 고개를 끄덕이며 눈빛으로 긍정의 에너지를 보낸다.

예전엔 경포호수를 가로질러 배로 다리를 만들어 건너다녔다고 해서 배다리 집, 또는 부족한 할머니들은 배선다리로 부르기도 하고 선교장이라 불렀다 한다. 집 뒤의 야산에는 노송이 숲을 이루고 있었는데, 이 터전은 하늘이 족제비의 무리를 통해 점지했다는 명당 터로 유명하단다.

안채 주옥을 시작으로 동별당, 서별당, 연지당, 외별당, 사랑채, 중사랑, 행랑채 사당들이 지어졌고, 큰 대문을 비롯한 열두 대문을 그대로 간직하고 있다.

생활유물 전시관은 박물관이라 해도 손색없을 정도로 큰 규모였다. 선교장에서 300년 동안 사용되고 소장된 유물 300여 점이 전시되어 있단다. 책걸이, 일지병풍, 공중모란도, 은제 다기, 가구류, 자수류, 서화류, 반짇고리, 골무, 실패, 다식판, 떡살 등 예전의 규방문화를 알게 해주는 품목도 즐비했다.

역사문화 탐방은 많은 것을 보고 느끼고 배우기도 하지만, 우리 것이 얼마나 소중한 문화인지 전통적인 유물과 고풍스러운 기와집을 통해 새삼 깨우치게 된다.

강릉 선교장은 2000년을 기해 한국방송공사에서 20세기 전통가옥 분야에서 한국 최고의 전통 가옥으로 선정되었다고 한다. 전통가옥 촬영지의 명소로 영화나 드라마에 단골 촬영지로도 손꼽힌다. 집 뒤의 수십 그루 금강송이 빙 둘러서 있어 선교장을 지켜주는 것 같았다. 울긋불긋 가을 단풍과 감나무에 주렁주렁 매달린 감과 청아한 기와집의 조화로움이 우산 쓴 일행의 걸음을 느리게 했다.

수려한 경관 맑은 공기를 마시며 그곳의 정취에 취해 있으니 늘 종종대던 마음이 느긋해진다. 아쉬움 속에 발길을 돌리며 고풍스런 강릉 선교장을 다시 바라보았다. 전통적인 기와집이 단아하고 편안해 보였다. 나도 잠시 그 안에 머물렀으니 조금은 넉넉해진 마음으로 차에 올랐다.

(2015.)

섬 나들이 백령도

연일 폭염으로 내달리던 팔월 중순 서해 최북단에 있는 백령도로 향했다. 함께 테니스 치며 정을 나누던 부부 네 쌍의 여덟 명이 황금연휴라 2박 3일의 일정을 잡았다.

백령도 가는 길에 먼저 대청도에 들렀다. 펜션에 여장을 풀고 모래언덕이 쌓인 풀 등을 구경하고 지두리 해변으로 갔다. 아이들 키워 시집장가 다 보낸 노년의 거장들이 어린아이처럼 좋아라, 바닷물 속으로 뛰어들고 사진 찍을 때의 자세는 젊은이 못지않은 애정표현으로 웃겼다. 그것이 애교스럽고 귀여웠다. 난 그 정열이 부러웠다.

그곳에서 하룻밤 묶었는데 대청도의 기억은 모래언덕의 낙타 모형, 고목, 바위, 지두리 해수욕장, 삼성산, 울창한 숲을 이룬 멋들어진 노송, 기묘한 바위들, 바닷가에서의 해넘이 등이 기억에 남는다.

이튿날 여객선은 씩씩하게 달려서 20분 만에 백령도에 도착했다. 대기하고 있던 버스에 오르니 하나둘 떨어지던 빗방울이 더욱 거세어졌다. 갑자기 우르르 쾅! 하는 소리에 버스 안이 술렁거렸다. 혹시 북한에서 폭격기라도 떨어진 것이 아닌가 하여 가슴이 쿵쾅거렸는데 천둥소리였다. 조금 가다 보니 비가 그쳐서 일행의 얼굴에도 둥근 해가 크게 떴다.

숙소에 여장을 풀고 점심 후에 먼저 심청각에 들렀다. 심청각에서 비 온 뒤의 날씨가 청명해서 길게 늘어진 황해도 장산곶 산야가 다 보였다. 심청 동상은 북쪽을 바라보며 무언가 생각에 잠긴 듯했다. 앳된 소녀의 얼굴에서 아버지를 그리워하는 모습이 역력했다. 몽금포 타령에 나오는 장산곶이 바다 저쪽 길게 이어진 북한 땅이라니 멀고도 가깝구나 싶었다.

심청의 동상 앞에는 관광객이 몰려들어 서로 사진 찍기에 분주했다. 그 와중에도 북쪽을 바라보며 두 손 모아 기도하는 여인이 있어 잠시 숙연해졌다. 심청각 안으로 들어서니 심청에 관한 자료가 전시되어 있어 다시 한번 효심이 지극했던 심청을 떠올렸다.

다음은 명승 8호로 지정된 두무진 포구에 들러 유람선을 타고 해상 관광에 나섰다. 일행도 다들 상쾌한 기분으로 기대에 찬 시선을 보내며 즐거워했다.

하얀 물거품을 일으키며 바다로 나가는 유람선이 앞으로 나가면 갈수록 비경은 더해만 갔다. 선대암바위, 자라바위, 촛대바위, 쌍둥이바위, 독립문바위, 말바위, 장군바위, 만물상바위, 병풍바위 등등을 바라보며 이곳에 관광객이 오는 이유를 알 수 있었다.

선장은 각종 유머를 동원하여 재미있고 유익하게 백령도 자랑을 늘어놓았다. 이곳은 서해의 해금강이라 불릴 정도로 다양한 기암괴석이 아름답게 펼쳐져 있다고 너스레를 떨며 장군바위 아래 거시기가 있으니 오래 보지 말고 조금만 보라고 익살을 부렸다. 관광객은 신체 일부의 거시기를 자세히 보며 다들 웃음보를 터트렸다.

조금 가니 물범 두 마리가 멀리 물속에서 헤엄치며 놀다가 바위에 올라앉은 광경이 목격되었다. 출렁거리던 파도도 조용해지고 유람선도 잠시 멈추었다.

다음은 안보 교육장으로 알려진 천안함 위령탑에 들렀다. 입구에 서자 46명의 젊은 영령들 사진이 눈에 띄었다. 다들 귀한 자손인데 이렇게 사진으로만 남아있는 앳된 얼굴을 보니 가슴 한쪽이 울컥했다. 군인 간 아들이 이렇게 될 줄 짐작이나 했겠는가, 이슬이 맺혔다. 엄 여사도 "어휴, 쯧쯧" 계속 눈물을 닦아내며 말없이 걸었다. 조금 올라가니 바다가 내려다보이는 곳에 위령탑이 있었다. 일행은 각자 준비해간 국화 한 송이로 애도하며 묵념했다. 텔레비전으로 보며 눈물 흘렸던 그 여러 날이 생생히 떠올라 마음이 축 내려앉는다. 나라를 위해 목숨 바친 그들의 영혼과 가족이 편안하기를 빌며 다음 여행지로 발길을 옮겼다.

저녁 무렵 낮에 유람선을 타고 기암괴석을 돌아보던 곳을 육로로 걸었다. 낮에 한 바퀴 돌 때와는 또 다른 풍광이었다. 인위적으로 만들어 놓은 좁다란 계단을 내려가 바지를 걷어 올리고 바닷물에 발 담그니 나도 자연의 일부가 된 것 같아 더위가 싹 물러갔다. 커다란 바위를 가까이

서 보니 웅장하고 견고하면서도 알 수 없는 빛을 발하고 있었다.

다시 관광차에 올라 최초 기독교 복음 전례지인 중화동 교회와 그 앞의 백 년이 넘었다는 6.3m의 무궁화나무를 둘러보았다. “백령도가 이렇게 넓은 줄 모르셨지요? 오는 분들이 다들 놀라세요.” 여행사 대표이자 가이드, 버스 기사도 겸하고 있는 현지인 해설사가 자세히 안내해 주었다. 면적은 51.086㎢이며 2016년 현재 오천여 명이 거주하고 있다고 한다. 간척지 매립으로 우리나라에서 여덟 번째로 큰 섬이 되었단다. 서해의 5도는 백령도·대청도·소청도·연평도·우도로 북한과 인접한 크고 작은 섬이라는 설명도 공부가 되었다. 버스를 타고 가다 보면 작은 산, 벼를 심은 논, 고구마를 심은 밭이 많아 섬이라기보다는 시골 어디쯤 달려가고 있는 것 같았다.

다음 날은 용트림바위, 비행장 이착륙이 가능한 규조토 해변의 천연비행장과 끝 섬 전망대, 콩돌 해수욕장을 돌아보았다. 콩돌 해안가는 작은 콩알만 한 돌부터 넓적한 빵 모양의 돌이 즐비했다. 그곳에서 빈대떡에 막걸리 한잔씩 하며 마무리로 여행의 해단식을 했다.

이번 여행은 테니스를 치며 정을 나누던 부부 네 팀이 중국 여행 이후 함께했다. 대청도와 백령도의 구석구석을 돌아보며 바닷가 절경을 감상했다. 자연이 빚어놓은 예술작품은 언제나 감동 그 자체였다.

(2016.)

황산 가는 길

첫날

3박 4일 일정으로 우리 부부와 형부, 언니네 일행이 중국 황산엘 다녀왔다. 황산은 예로부터 구름이 바다를 이룬다 하여 설산이라 불렀고, 세계유네스코 자원유산으로 선정된 중국의 10대 명승지의 하나이다.

황산 가는 길은 들판에 파란 유채밭이 즐비했다. 마침 꽃이 지고 난 뒤여서 씨앗을 잔뜩 품고 있어 노란 꽃들이 일제히 피었을 땐 볼만 했겠다 싶었다. 공항에서 4시간 30분 동안 전용버스를 타고 황산으로 달려가는 길에 유채밭들은 시골의 보리밭같이 파랗고 길게 이어져 있었다. 기름을 많이 먹는 중국인들은 유채 씨로 기름을 짜서 먹는다고 했다.

지나는 길에 보이는 집들 대부분은 2~3층인데 습도가 많은 중국에서는 1층은 창고나 부엌으로 쓰고 2~3층은 살림하는 공간으로 쓰고, 가족들이 모여서 산다고 했다. 또 전기가 부족해서 이른 아침이나 늦은 저녁에도 불을 켜지 않는 것이 습관화되었다고 했다.

저녁 7시 안내된 한식 식당에서 저녁을 먹고 발 마사지하는 곳에 가서 발 마사지 받고는 호계문 호텔로 안내되었다. 중국여행을 앞두고 몸이 건강치 못해 많이 망설였었다. 그래서인지 몹시 피곤했다. 여행은 이제부터 시작인데 시원치 않은 몸이 먼저 말을 한다.

"주인님, 이제 그만 쉬셔야지요."

황산의 절경 (둘째 날)

하루 일정이 바쁜 관계로 이른 아침을 먹고 비취 계곡에 오른다. 영화 '와호장룡' 촬영지인 비취 계곡은 폭포가 떨어지는 계곡물이 정말 비취색이 흐르고 있었다.

기대했던 것만큼의 풍경은 아니었지만, 물 색깔이 비취색으로 아름답게 보여 많은 이들이 찾는 것 같았다. 날씨가 좋아서인지 그 빛은 유난히도 맑고 고왔다. 마치 비취반지가 떠오를 만큼의 예쁜 색이었다.

다음 행선지는 거대한 지하 동굴 '화산미굴'이다. 이 동굴은 황산시 서북쪽에 있는 고대의 인공석굴이라고 한다. 이곳은 장쩌민 주석이 다녀가면서 더 유명해졌다고 하는데, 석재를 채굴한 흔적은 있지만, 누가 언제 무슨 이유로 이 굴을 팠는지는 알 수 없다고 한다.

동굴의 천장을 비롯한 사방의 거대한 돌들이 빗살무늬로 새겨져 있어 옷감을 만들기 위한 천을 짠 것 같은 신비한 풍경을 보여주었다. 한데, 거대한 돌기둥 하나가 여행객의 마음을 사로잡았다.

"이 돌기둥이 무슨 형상을 하고 있는지 아는 사람?"

아래위를 한번 훑어보니 얼른 생각나는 것이 거대한 사람의 발 모양이다. 나도 모르게 "발~" 하고 큰 소리로 말했더니 정답이었다. 그 발 모양이 출입구 쪽을 향하고 있어 아마도 5,60년 전 감옥이 아니었나 하는 추측도 있다는 것이다.

죄수들이 밖으로 나가고 싶은 심정을 돌기둥에 새겼을 것이라는 가이드의 설명이다. 만약 그것이 진실이라면 얼마나 많은 인원이 동원되어 발 모양을 만들었을까. 갑자기 콧등이 시큰해졌다.

다음은 황산으로 향했다. 버스로 이동하며 가는 산비탈엔 차 밭이 즐비했다. 봄을 맞은 연녹색 이파리들이 윤기를 머금어 사람들의 손길을 기다리고 있었다. 황산 입구는 대나무 숲과 각종 나무가 숲을 이루고, 꼬불꼬불 이어지는 버스 안에서 지금 지나온 길, 저 멀리 까마득한 산 아래를 내려다보니 아찔했다.

운곡 케이블카를 타고 8분 정도 오르는 길엔 바위에 붙어사는 작은 소나무들과 독수리처럼 생긴 바위가 인상적이었다. 케이블카에서 내려 다시 계단 산행을 한다. 산 정상에서 하룻밤 묵어야 해서 배낭에 짐을 지고 서해대협곡으로 가는 길이다.

남자들이야 괜찮다고 하나, 언니와 나는 건강이 안 좋아 숨을 몰아쉬며 힘들어했다. 걷고 또 걸으며 이런 산행을 할 줄 알았으면 아예 생각지도 않았을 텐데, 인터넷 검색이라도 하고 오는 건데 후회막급이었다.

나를 포함해 멋모르고 따라왔던 사람들이 조금씩 힘들어하는 눈치가 보이자 가이드는 "여기서부터 아름다움의 시작인 시신봉 바위입니다." 해서, 다시 마음을 다잡고 걸었다. 가다가 쉬고 또 쉬고 서해 대협곡으로 가는 길은 만만치 않았다.

드디어 서해대협곡에 이르렀다. 배운정排雲亭 서해대협곡은 황산의 24협곡 중에서 제일가는 절경이라고 한다. 구름과 안개로 멋있는 장면을 볼 수도 있을 거라는 기대는 이내 사라지고, 숨을 몰아쉬며 돌아서고 싶었던 조금 전의 시간이 눈앞에 펼쳐진 대자연의 무대 앞에 무릎을 꿇고 말았다.

와!~ 나도 모르게 작은 탄성이 나온다. 시야가 확 트인 깎아지른 절벽 아래를 내려다보니 아찔했다. 장관이었다. 살아가는 일이 힘들고 지칠 때 이런 광경에 위안 받는 것일까. 이런 절경을 보고 중국의 어느 교수가 "황산에서 경치를 볼 때는 걸음을 멈춰야 하고, 길을 걸을 때는 경치를 보지 말아야 한다."는 말을 했다고 한다. 절경에 마음을 빼앗기면 그만큼 위험하다는 뜻이 된다.

서해대협곡 입구엔 금빛 자물쇠가 빼곡히 연결 지어 걸려 있었다. 사랑하는 사람들이 서로 헤어지지 말고 잘살아 보자는 약속의 의미로 열쇠를 잠그고 걸어두고 올 때마다 확인하기도 한다는 것이다. 이런 광경은 장가계 여행 때도 많이 보았고, 서울의 남산에서도 볼 수 있어 낯설지 않았다.

황산은 천도봉(1,840m), 광명정(1,860m), 연화봉(1,864m)의 세 개의 주봉이 있고, 4개의 호텔이 있다고 한다. 그중에 연화봉이 제일 높은 봉우리이지만 우리는 광명정으로 가는 길이다.

그 높은 산 정상 위치에 호텔이 4개씩이나 있다는 것은 그만큼 많은 사람이 이곳을 찾는다는 의미가 된다. 아쉬운 마음에 다시 한번 서해대협곡을 살펴보고 광명정을 향해 가파른 계단을 오르는데 3번만 만지면 관운, 재운, 복운이 돌아온다는 비래석을 만나 지금까지의 힘든 여정에 감사 기도를 올렸다.

하늘에서 떨어진 듯 하여 비래석이란 이름을 얻었다는 커다란 바위는 작은 바위 하나를 머리에 이고 있었다. 이 바윗덩이를 만지고 쓰다듬고 기도를 올리는 사람들은 무엇을 위해 기도하였을까, 언니는 어떤 기도로 숨을 고르고 있었는지, 기도로써 이루어진다면 암으로 고생하는 언니의 생명이 좀 더 연장되기를 마음속으로 빌고 또 빌었다.

광명정에 올라서니 건너편의 연화봉이 우뚝 서 있다. 구름바다와 일출, 일몰이 아름답다고 했는데 맑은 날이라 구름은 볼 수 없었고, 마침 해가 지고 있어 먼 길 힘들게 걸어왔던 시간이 저녁노을에 묻혀버렸다.

산장의 호텔로 이동해 저녁 식사 후 온몸이 욱신거려 준비해간 몸살약을 먹고, 내일 새벽 일출은 못 나간다고 남편에게 일러두었다. 새벽 5시부터 종종대던 하루의 여정이 꿈나라로 향한다.

공명정의 일출 (셋째 날)

새벽 4시 20분, 예까지 와서 일출을 보지 않으면 후회한다는 남편 말에 어제의 마음이 바뀌었다. 언니는 피곤한지 그냥 방에 있겠다고 해서 남편과 둘이 그곳에 준비된 겨울용 파카를 입고 어제저녁에 내려온 광명정에 다시 오른다. 깜깜한 새벽 감기몸살이 가시지 않았지만, 욕심을 내어 한 20분 정도 계단을 올라가니 어느새 세계 각국의 많은 사람이 몰려들어 좋은 자리는 이미 다 차지하고 있었다.

그 아래가 낭떠러지인데도 떠오르는 해를 보려고 많은 사람이 포개어져 난간을 붙잡고 서 있었다. 사고라도 나면 어쩌나 하는 걱정에 한참을 기다려 5시 30분쯤 사람들 틈새로 떠오르는 해를 보았다. 같은 음식이라도 장소가 다른 곳에서 먹는 맛이 다르듯이 중국 황산의 광명정 정상에서 바라보는 해돋이는 마음이 불끈 솟는 그런 느낌이었다.

밤새 기차를 타고 달려간 정동진의 해돋이나 포항 호미곶, 거제도에서 본 해돋이, 집 근처 봉화산, 배봉산에서 본 해돋이와 떠오르는 모습은 다 같은데도 그날의 해는 더 크고 뜨겁게 달아올랐다.

호텔에서의 아침은 뷔페식으로 별로 내키지 않았지만, 그런대로 먹을 만했다. 짐을 꾸린 일행은 다시 오르고 내려가기를 반복하며 전날 오던 길이 아닌, 다른 길로 하산했다. 어제가 이미 역사 속에 묻혀버리듯 오늘의 새로운 기록을 남기면서 수없이 많은 계단을 내려간다.

계단을 내려가다 보면 무거운 짐을 지고 산을 오르는 짐꾼들을 많이 만나게 된다. 그들은 그 높은 산에 있는 호텔의 부식이나 생필품, 시멘트를 나른다고 하는데 남루한 옷차림이 애틋했다. 모두가 가난을 극복하기 위해 일을 하겠지만, 인구가 많은 중국에선 이들에게 일자리를 마련해 주고 월급을 주기 때문에 오히려 고마운 것이라고 한다.

맨몸으로 걷기도 어려운데 짐까지 지고 가야 하는 사람들을 만날 때마다 얼른 길을 비켜주며 "씽 굴라~"(수고하십니다) 하면 그들도 웃는 낯으로 "씽 굴라~" 하거나 그냥 웃음으로 화답했다.

산 중턱에서 어제 이용했던 케이블카를 타고 내려오면서 다시 한번 황산을 올려다보았다. 언니나 나나 아픈 몸을 이끌고 그곳에 다녀간다는 사실이 믿기지 않았지만, 해냈다는 자부심에 둘이 손잡고 파이팅 했다. 절묘했던 비경과 기암 괴벽 가는 길에 만나던 기이한 소나무들과 바위들을 언제 다시 만날까, 아쉬움을 뒤로하며 대기하고 있던 전용 버스에 올랐다.

두 시간 정도 달려온 항주에서 실크 공장과 차 시베지에 들른 후, 청나라 시절의 자취가 남아있는 청대 옛 거리를 구경했다. 서울의 종로구 인사동 같은 분위기가 느껴지는 그곳은 고풍스러운 중국 모습으로 그 당시 만들어놓은 건물들이 지금은 상점으로 바뀌어 있었다.

어떻게 보면 시장 같은 분위기였지만, 골동품과 벼루, 붓 등 문방사우가 많았다. 목조건물의 2·3층의 집들 사이에 양쪽으로 즐비하게 늘어서 있는 상가 분위기는 붉은색이 많이 들어간 중국다운 모습이었다.

전신 마사지와 저녁밥을 먹은 후 송성에서 펼쳐지는 화려한 가무 쇼를 관람했다. 입체적인 영상과 함께 펼쳐지는 가무 쇼는 입을 다물지 못할 정도로 현란한 춤 솜씨와 서커스의 묘기로 여행객의 마음을 사로잡았다. 앞좌석 일부가 움직이며 돌아가고 있어 그 앞에 앉은 관람객은 즐거움에 비명을 지르며 연신 셔터를 눌러댔다.

한국에서 온 많은 관광객을 의식해서일까. 맨 마지막엔 농악놀이와 한복을 곱게 차려입은 무용수들이 부채춤을 추며 아리랑을 불러 잠시나마 내 나라에 대한 애국심에 눈시울이 뜨거워졌다.

여행의 의미 (마지막 날)

중국여행 마지막 날이다. 한국을 떠나올 때처럼 새벽부터 마음이 바쁜데 일찍 일어났으니 언니와 둘이 호텔 주위를 둘러보았다.

호텔 뒤쪽으로 가니 포장마차와 비슷한 서너 대의 손수레가 아침 식사를 준비해놓고 손님을 기다리고 있었다. 중국 사람들은 아침을 집에서 해 먹지 않고 밖에서 사 먹는다는 말을 들었는데, 처음 보는 광경에 여자들이 편하겠다 싶었다.

가방을 멘 중학생쯤 되어 보이는 남학생이 오더니 무언가 주문한다. 손수레의 주인은 재빨리 프라이팬에 계란을 풀어 동그랗게 돌려 부쳤다. 그 안에 빵을 넣어 돌돌 말아 종잇조각으로 끝을 쥐어 학생에게 건네준다. 학생은 돈을 지급하고 길을 걸어가면서 아침을 먹는다. 벌써 몇몇 사람이 아침을 사 가거나 걸어가면서 먹거나 기다리고 있다.

한쪽에선 만두를 프라이팬에 굽고 있고, 다른 쪽에선 밥이 커다란 통에 많이 있었는데 금방 해왔는지 뚜껑을 열 때마다 김이 모락모락 올라왔다. 손님이 맨밥을 비닐봉지에 담아가는 걸 보니 아마도 집에 가서 가족과 같이 먹으려는 것 같았다.

그날 아침에 걸어가면서 아침 먹는 풍경은 자주 눈에 띄었다. 그러고 보니 여행 중 우리가 먹었던 호텔 음식은 최고급 음식이었다는 가이드 말을 이해할 수 있었다. 그 아침에도 뷔페식으로 많은 음식을 먹고 커피까지 마셨다.

포만감을 안고 삼면이 산으로 둘러싸여 있는 서호 호수에 다다르니 이른 아침인데도 많은 사람이 줄을 서서 북적이고 있었다. 서호西湖는 항주 서쪽에 자리 잡고 있다고 하여 서호라는 이름이 붙여졌다고 한다. 면적이 5.5km^2, 둘레 15km의 타원형, 수심은 1.8m~2m가량 된다고 한다.

중국의 유명한 미인 서시西施를 닮았다는 의미로 서자호西子湖라고도 불린다고 하는데, 양귀비와 함께 중국 최고의 미인으로 꼽히는 서시가 항주의 미인이라는 네에서 시호에 비유한 것이란다.

목조로 된 배를 타고 호수를 둘러보는 시간은 한 40여 분 정도 걸렸다. 서호가 가장 아름답게 보일 때는 호수에 물안개가 자욱이 끼었을 때와 달 밝은 밤, 그리고 일출을 볼 때가 가장 아름다운 자태를 보여준다고 한다. 수중엔 5개의 구멍이 뚫린 3개의 탑이 있었는데 삼담영월이라 하고, 이곳에서 이태백이 노래하던 십오야十五夜 밝은 달의 열다섯 개 달을 볼 수가 있다고 한다.

하늘에 걸린 달, 호수에 비친 달, 연인의 두 눈동자에 비친 달 넷, 애인과 나의 술잔에 비친 달 둘, 스님 머리에 비친 달, 세 개의 석탑에 비친 달 셋, 내 마음속에 비친 달 등이라는 것이다.

수양버들 늘어진 호숫가의 전경이 좋아서 달 밝은 밤엔 사랑하는 연인들이 자주 찾는다고 한다. 안개 낀 서호의 모습과 눈 내리는 날의 운치 있는 모습을 연상하며 서호를 나오다가 잠시 뒤를 돌아다보았다. 산속에서는 산을 볼 수가 없고 산에서 내려와야만 산 전체를 볼 수 있듯이, 서호의 아름다움도 가까이 볼 때와는 달리 멀리서 바라보는 경치가 더 빼어났다. 한 폭의 수채화 같았다.

다음 행선지인 동방문화원으로 가는 차 안에서 전단강 육화탑에 대한 전설은 귀를 쫑긋 세우게 했다. 전단강을 가로지르는 2층의 전당 대교는 중국인들의 손으로 건축이 된 최초의 다리라고 한다. 물속에는 물고기, 물 위에는 배, 1층 다리엔 기차, 2층의 다리엔 자동차, 하늘엔 비행기가 다닌다는 표현을 나타낸다고 한다. 그 강에 대한 전설이 재밌다.

옛날에 어느 어부가 결혼하여 딸을 하나 낳고 사는데 부인이 하도 예뻐서 용왕이 탐을 내어 데려갔다고 한다. 어부는 부인을 찾아 헤매다가 강물에 빠져 죽었다. 딸(육화)이 커서 아버지 생각에 날마다 강물에 돌을 던졌다. 이에 용왕이 항복하고 합의를 보는데 1년에 한 번씩만 성질을 부리게 해달라는 요청이었다.

용왕의 말에 육화는 승낙했다. 그래서 해마다 5월 18일이면 전단강의 물이 실지로 역류를 한다는 것이다. 또 조수 간만의 차가 심한 전단강 때문에 백성의 원망이 심해지자 하늘과 땅, 동서남북의 힘을 빌려 조수를 막으려고 목조탑인 육화탑을 쌓았다는 이야기도 있다는 것이다.

역류하는 강물을 구경하기 위해 요즘도 많은 사람이 모여든다고 했다. 이런 목조탑들은 지나는 차 안에서도 많이 볼 수 있었다.

여행 마지막 날의 점심은 한국인 식당에서 먹었다. 돼지고기와 상추쌈, 김치찌개가 나온 점심상은 푸짐했다. 여행하는 동안 특별한 중국 음식을 많이 먹었지만, 우리 고유의 김치가 최고인 것을 한국식당에 와서 새삼 느꼈다.

3박 4일의 여정은 힘들어도 의미 있는 여행이었다. 여행은 누군가와 가느냐에 따라 일정, 기분 등이 달라진다. 떠나기 전의 설렘과 떠나온 후에 먹는 즐거움, 보고 느끼는 정신적인 충만함이 가미되었지만, 언젠가는 언니와 이별해야 한다는 생각으로 가슴이 먹먹하고 조금은 슬픈 여행이기도 했다.

(2009.)

4

봄, 그 어울림의 향기

[테마] 집밥이 좋다

큰손녀 원태희

둘째손녀 원신율

봄이 한입 가득

봄은 상큼한 향기를 안고 온다. 상큼함은 바람, 공기, 사람의 옷차림에서도 알 수 있지만, 봄에 나오는 새싹에서도 느낄 수 있다. 아직 춥다 싶은 3월, 차가운 기운이 맴돌고 심술궂은 봄바람이 옷 속을 파고들어도 봄은 부쩍 우리 곁에 와 있다.

시장을 돌아보면 봄 향기는 더욱 진하다. 달래·냉이·씀바귀·봄동·쏙세(씀바귀과에 속하는 뿌리채소) 등 작은 소쿠리에 수북수북 얹혀있는 나물에서 봄 냄새가 물씬 풍겨온다. 봄나물은 겨우내 비타민 결핍으로 몸이 나른할 때 입맛을 돋우는 데는 최고라 할 수 있다.

혹독한 겨울을 이겨낸 이파리들은 알 수 없는 에너지를 품고 있어 새로운 맛을 자아낸다. 새순은 기운을 잃었던 입맛을 되찾아 밥도둑으로 변한다. 봄나물의 새콤달콤한 향이 입안에 돌아 자꾸자꾸 밥이 더 먹고 싶은 충동을 느끼는 것이다.

어린 시절 언 땅속에 숨어 생명을 불어넣던 새싹이 눈에 뜨이면 햇볕 바라기를 하던 동네 아이들은 바구니 들고 묵정밭으로 달려 나갔다. 따뜻한 햇볕을 받아 자신의 몸을 조심스럽게 키운 달래, 냉이, 씀바귀, 황새냉이 등을 캐다 보면 왜 그리도 춥던지 손이 시렸다. 심술궂은 봄바람이 젖 달라고 우는 아이처럼 앞가슴을 파고들어도 이 밭 저 밭을 기웃거렸다. 무더기로 발견한 냉이는 튼실하고 오동통한 뿌리가 잘 자라있어 캐면서도 신이 났었다. 숨바꼭질하는 아이들처럼 "나 여기 숨어 있었어~" 하며 웃는 것 같았다.

저녁때가 되어 집으로 향하면 멀리 초가지붕 위 굴뚝에선 연기가 모락모락 피어오르고, 대문을 들어서면 구수한 소죽 냄새가 집안에 진동했다. 누런 황소는 외양간에서 커다란 눈을 휘둥그레 뜨며 워낭 소리로 반겼고, 암탉은 둥지에 오르려다 말고 '맛있는 거 주려나' 하는 눈치로 꼬꼬댁거리며 앞마당을 서성거렸다. 건넌방 아궁이에 소죽 푸던 아버지가 보시고는 "아유, 어디서 냉이를 이렇게 많이 캤니?" 허허 웃으셨다.

어머니가 냉이 북데기를 다듬어 팔팔 끓는 소금물에 데쳐내면 봄은 파랗게 변해있었다. 야들야들한 것이 그냥 먹어도 연하고 상큼했다. 그런 풍경이 해가 갈수록 새록새록 돋아나 매년 봄을 맞이하고 봄을 먹는다.

냉이는 두해살이식물로 참냉이, 나생이, 황새냉이, 싸리냉이, 개갓냉이, 다닥냉이 등 지방마다 부르는 이름도 각양각색이지만, 잎이 약간의 보라색을 띠고 있는 참 냉이가 달고 맛있다. 겨우내 납작 엎드려 자신을 낮추고 살다가 차츰 햇볕을 받아 자라나서 힘들고 어려운 환경을 이

겨낸 사람처럼 뿌리가 튼튼하다. 누군가에게 밟히기도 하지만, 밟히고도 제 몸 추슬러서 꼿꼿하게 일어서는 사람 같아 때론 애처롭다.

냉이는 구황작물로 제채薺菜라 하여 한약재로도 많이 쓰였다. 춘곤증, 자궁출혈, 폐출혈의 지혈제로 이용되었고, 이뇨, 해열, 지열 등에 효능이 있다고 한다. 흔하지만 귀한 맛을 내고 만들기도 쉬운 냉이는 봄에 캐는 것으로 알고 있지만, 가을 겨울에도 나온다.

냉이는 채소 중에서 단백질 함량이 가장 많은 알칼리성 식품이다. 각종 비타민과 칼슘, 철분 등 무기질이 풍부하여 원기 회복에 최고이며 피를 맑게 하고 간 해독 등 눈을 맑게 한다. 살짝 데쳐서 무치기도 하지만, 날콩가루 묻혀 은근한 불에 된장국을 끓이면 구수함과 담백함이 어우러져 별미가 된다.

요즘 들어 며느리들이 "어머님, 집 밥이 최고예요." 하는 걸 보면, 밖에서 사 먹는 밥에 실증을 느끼기도 했겠지만, 아무래도 정성스런 손맛이 그리워서일 것이다. 집 밥은 따뜻함이다. 가족을 위해 지은 밥은 정성과 기쁨의 도수가 들어있어 더 따끈함이 느껴진다. 나도 식구가 다 모이는 날엔 그 시간에 맞춰 쌀을 안친다. 김이 모락모락 나는 금방 지은 밥을 주고 싶어서이다.

봄의 상큼함을 저녁상에 올리고 싶어 시장을 찾았다. 시장은 달래, 냉이 씀바귀, 취나물, 쑥세 등 어느새 나온 여린 잎이 즐비했다. 커다란 비닐 봉투 안에 삐죽삐죽 얼굴 내민 냉이를 살피는데, 아주머니는 무공해로 재배한 참 냉이가 자연산이나 다름없다고 자랑이 한창이다. 한 소쿠리 삶으면 얼마 안 돼서 두 소쿠리 샀더니 한 움큼 덤을 주셨다. 실한 냉이도 좋았지만 덤을 주어 그냥 기분이 좋았다.

집에 돌아와 땅의 기운이 느껴지는 냉이를 다듬고 소금물에 데쳤다. 파랗게 익은 냉이를 보자 군침이 돈다. 고추장, 식초, 매실액, 설탕 약간, 파, 마늘을 넣은 양념장에 조물조물 무치다가 먹어보니 상큼하면서도 입이 달다. 오물오물 씹으니 에너지 많은 약초를 먹는 것 같다. 입안이 냉이 향으로 가득하다. 작은며느리 입안에 넣어주었더니 "음~ 어머니, 맛있어요." 한다.

미삼 뿌리 같은 쏙세는 생것으로 김치와 쫑쫑 썰어 냉이 무치는 양념과 똑같이 했더니 쌉싸래한 맛이 쓰기는 해도 뒷맛이 달다. 달래는 간장 양념장을 만들어 밥을 비벼 먹거나 된장찌개에 넣어도 별미이지만, 간장에 새콤달콤하게 무쳐서 마른 김에 싸먹으면 밥 한 그릇 뚝딱이다. 미나리강회는 오징어를 데쳐서 피망, 오이 등을 같은 크기로 썰어 미나리로 돌돌 말았더니 정말 상큼한 맛이 일품이다. 아삭아삭 씹히는 맛이 입안에 녹아든다.

이렇게 준비한 봄나물로 저녁상을 차렸다. 밥상 앞에 앉은 가족이 먹기도 전에 한마디씩 한다. "맛있겠다. 음~, 잘 먹겠습니다." 젓가락 바쁘게 먹는 모습을 보니 모두의 입안에 봄이 한입 가득하다.

(2016.)

봄, 그 어울림의 향기

유난히도 춥고 긴 겨울이 지나고 봄기운이 느껴지니 식탁에서도 무언가 상큼한 것이 먹고 싶다. 김장김치 맛이 변하지 않았어도 햇김치가 그립고, 햇나물 생각이 난다. 봄에는 뭐니 뭐니 해도 새콤달콤한 맛을 내는 봄나물이 최고의 입맛을 돋운다.

오늘은 어떤 반찬을 만들어 밥상을 차릴까 하면서 시장을 찾았다. 시장은 저녁준비를 위해 나온 주부들이 많았는데, 난전의 나물 앞에서 기웃거리는 걸 보니 나처럼 봄나물에 관심이 많은 듯했다. 봄 향기가 느껴지는 나물들은 소쿠리에 수북수북 얹혀 있어 나의 눈길을 끌었다. 달래·냉이·봄동·쑥세 등 보기만 해도 봄 냄새가 물씬 풍겨왔다.

좌판을 벌여놓은 할머니는 냉이를 손수 캐오셨다며 어디서 이런 냉이 사지도 못한다고 자랑이 한창이시다. 가만히 보니 냉이 뿌리가 곧고 하얀 것이 오동통하게 살이 올라 있어 노지에서 캐온 것이 틀림없었다.

겨우내 언 땅속에서 추위를 견디며 자라난 냉이는 구황작물救荒作物로 성질이 따뜻하고 맛이 달며 독성이 없다. 단백질 함유량도 많고, 철분, 비타민 A가 많아 춘곤증 예방도 된다고 하니 제철에 자주 해 먹는 것도 좋을 것이다.

할머니에게 달래, 냉이 한 소쿠리와 돌미나리를 사고 쪽파와 여린 쑥도 샀다. 그 옆에는 쏙세(씀바귀과에 속하는 뿌리채소)가 미삼 뿌리처럼 통통해서 또 지갑을 열었다. 어느새 시장바구니에는 낚은 봄이 가득했다.

사 온 나물들을 다듬어 달래는 고춧가루를 넣고 새콤달콤하게 버무렸다. 냉이와 미나리는 팔팔 끓는 물에 소금을 넣고 살짝 데쳐서 갖은 양념을 한 고추장에 식초와 매실청을 넣고 심심하게 무쳤다. 무치면서 맛을 보니 냉이 향과 미나리 향이 입안 가득해 얼른 밥이 먹고 싶어진다. 쏙세도 생것으로 묵은 김치를 잘게 썰어 넣고 같이 무쳤더니 쌉싸래한 맛이 쓰기는 해도 뒷맛이 달다. 씀바귀가 좋은 나물과 김치가 된다는 걸 시댁 어른들을 만나고 나서 알았듯이, 쏙세도 결혼 후에 배운 음식인데 참 맛있다. 이런 나물들은 땅속에서 자연적으로 자라난 것이라 몸에도 좋고 밥에 비벼 먹어도 괜찮다.

쑥은 멸치, 다시마 국물에 된장을 풀어 팔팔 끓을 때 넣었더니 파란 쑥 향기가 새어 나와 집안에 봄 냄새가 가득했다. 쪽파는 데쳐서 돌돌 말아 접시에 예쁘게 돌려 담고(쪽파로 오이를 돌돌 말아도 상큼하다) 초고추장을 곁들였더니 보기만 해도 그럴싸했다. 여기에 햇김치와 가족

수대로 조기를 구워 놓으니 이만하면 진수성찬에 봄이 한 상 가득했다. 밥상이 파릇파릇 윤기 도는 나물들을 보기만 해도 군침이 돌았다.

어린 시절 봄이면 언니와 동생들과 같이 묵정밭으로 달래, 냉이를 캐러 다녔었다. 봄바람이 하도 추워 손등이 다 터지던 시절, 겨우내 움츠리고 있던 냉이가 싹 틔운 걸 보면 탄성이 절로 나왔다. 냉이는 북데기가 잘 달라붙어서 다듬으려면 시간이 오래 걸리지만, 봄의 미각을 찾는 데는 그만이다. 보글보글 끓는 된장찌개에 달래, 냉이, 바지락을 함께 넣으면 조개 맛과 달래, 냉이 향이 살아있어 정말 맛이 있다. 횡성에 계신 작은 아버님이 매년 두릅 한 상자를 보내주시는데 살짝 데쳐서 먹는 맛도 일품이다.

우리가 즐겨 먹는 나물은 선조들이 오랜 세월을 두고 먹을 수 있는 것과 먹어서는 안 되는 것을 잘 구별해 놓은 지혜에 의해 전해왔다. 예전에 겨울 채소를 접하기 어려웠을 때는 가을에 말려두었던 나물을 정월 대보름에나 먹는 풍습이 있었다. 요즘은 재배 기술이 발달해 아무 때나 나물을 먹을 수 있지만, 봄이 아니면 그 맛의 진가를 보기 어려운 것이 봄에 파랗게 새싹을 틔우거나 줄기가 올라오는 나물일 것이다.

봄나물 종류는 냉이·달래·쑥·돌미나리·돌나물·원추리·취나물·참나물·참순 나무순·두릅·시금치·산나물 등이 있는데, 특히 정신을 맑게 해주고 비타민C와 칼슘, 철분, 식이섬유가 많아 빈혈이나 동맥경화, 노화 방지, 각종 성인병에 도움을 준다고 한다. 생것으로 갖은 양념에 버무려 먹기도 하고, 소금물에 살짝 데쳐서 조물조물 무쳐내기도 하는데, 새콤달콤한 맛을 내는 것이 특징이라 할 수 있다. 제철 음식이 보약이듯 몸의 에너지를 보충해주는 봄나물은 놀라운 효능이 있다고 알려져 있어 건강을 유지하는 비결이 되기도 한다.

평소 나는 그런대로 반찬 가짓수를 많이 준비하는 편이다. 이런 나를 보고 간혹 집에 오는 손님들은 요리를 배워서 그렇다고 하지만, 요리 배울 때는 조리하는 과정, 규격화된 모양과 맛, 크기, 색깔이 좌우하는 것으로 배웠기 때문에 집에서 만드는 것과는 차이가 있다고 할 수 있다. 물론 그 이면에 기본적인 이론은 어머니에게 배운 것도 있고 책에서 얻은 내용도 있지만, 가정주부로 살아온 40여 년의 경험도 무관하지 않을 것이다.

또 음식 만드는 것을 좋아해서 이것저것 응용하다 보면 요령도 생기고 새로운 아이디어도 떠올라 나만이 뚝딱 하는 요리도 더러 있다. 찬거리를 살 때면 으레 "어떻게 만드는 것이 맛있나요?" 하고 물어보기도 하는데, 만나는 사람마다 스승이듯 또 다른 비법이 있으면 배우기 위해서이다.

살다 보면 쓴맛, 단맛, 신맛, 짠맛, 매운맛까지 느끼며 살아간다. 여러 가지 맛을 지니고 있는 봄나물도 결국은 어울림의 향기다. 갖은 양념과 어우러져야 감칠맛이 있고, 상큼한 맛으로 입맛을 사로잡는 것이다. 나도 봄나물처럼 어울림의 향기를 지닌 삶을 살고 싶다. 상큼함으로 깊은 맛을 내는 사람이 되고 싶다.

(2012.)

진국

비 오는 일요일 점심에 국수를 준비했다. 우리 가족은 냉면 마니아이기도 하지만, 국수도 잘 먹어서 묻지도 않고 소면을 삶았다. 냄비에 물을 붓고 굵은 멸치, 다시마, 마른 표고버섯, 대파, 무, 집간장을 넣고 30분 나우 끓였더니 멸치 육수가 달다. 양념장을 준비하고 고명으로 애호박과 생표고버섯, 당근을 채 썰어 볶았다.

1층에 사는 작은아들네 세 식구는 휴일이면 아침 겸 점심을 먹는다. 찬밥도 있고 해서 점심 메뉴는 "묵은 김치전과 잔치국수다.~"라고 전화로 통보하니 "좋아요." 환호성이다. 올라온 손녀가 하는 말 "할머니, 우리 점심 안 먹으려고 했는데 김치전과 국수라고 해서 올라왔어요." 한다.

국수는 한 번 끓어오를 때 찬물을 부으면 온도가 내려간다. 이것을 두 번 정도 반복하면 국수 면발이 탱글탱글하고 쫄깃하다. 다 익은 것을 확인한 후 찬물에 비벼 씻고 사리를 만들어 대접에 담았다. 미리 만들어 놓은 고명을 얹고 국물을 부으니 먹음직스러웠다. 계란지단을 부치지 못해 조금 아쉬웠지만, 김치전과 함께 우리 집 별미가 되어 한 끼 식사로 충분했다. 다들 기껍게 먹는 걸 보니 침잠되어 있던 어린 시절 잔칫날의 잔영이 떠올랐다.

이웃집 잔칫날은 마을 잔치가 되어 온 동네 사람이 모여 국수를 먹었다. 옆집 할머니도 허청허청 걸어오고 아이들도 두발 날려 신나게 모여들었다. 가마솥에 한쪽은 국물, 한 솥엔 국수를 삶았다. 다 삶아진 국수를 씻어 커다란 대소쿠리에 서리서리 얹어놓으면 하얀 면발이 보기만 해도 군침이 돌았다. 잔칫집에서 음식을 다 마련할 수 없으니 국수는 우리 집에서 삶고 잔칫상은 그 집에서 차려왔던 것이다. 그 품앗이는 그때의 풍습이고 미덕이었다.

앞마당에 멍석 깔고 교자상에 둘러앉아 하객과 먹는 국수는 식고 불어 터져도 맛있었다. 꽃가마 타고 오는 색시도 구경하며 덩달아 기분 좋았던 어린 날의 잔칫집 풍경은, 국수보다 더 긴 시간이 지난 지금도 기억의 대문에 기대어 잊히지 않는다.

계절에 맞게 해먹는 국수는 집집이 정성과 국물, 고명을 어떻게 준비하느냐에 따라 맛과 식감이 다르고 별미가 된다. 여름엔 시원한 콩국수나 열무 비빔국수, 메밀국수를 만들어 먹어도 좋고, 겨울엔 바지락을 넣은 칼국수와 뜨끈한 국물을 부은 가락국수를 해도 좋겠다. 수더분하고 마음 따뜻한 사람이 좋듯이 나는 사계절 따끈한 육수를 붓는 잔치국

수를 더 좋아한다.

옛 문헌을 보면 뜨끈한 국수가 더위를 피하는 음식이었다. 보리와 밀 수확이 끝나면 유두절(6월 15일)에 풍년과 건강을 기원하며 갓 나온 햇밀로 국수와 밀가루 부침을 만들어 이웃과 나눠 먹던 풍습이 있었다. 이처럼 잔치 음식으로도 국수를 냈지만, 이열치열로 더위를 이기기 위해서도 즐겨 먹었다고 한다.

한집에 사는 아들 며느리는 요즘 베트남 쌀국수를 사 먹으러 자주 나간다. 손녀까지 세 식구가 다 맛있다고 하는데, 난 먹긴 먹어도 특유한 향 때문에 그다지 내키지 않는다. 부엌에서 요리하는 걸 좋아하는 아들이 스파게티도 가끔 만들어 가져오는데 난 느끼해서 감빨리지 않는다. 맛있다고 집에서 만들어 먹는 아들네와 세대 차이가 나도 많이 나는 모양이다.

어제 만들어온 스파게티도 지금 냉장고에서 울고 있으니, 잔치국수나 칼국수, 냉면, 메밀국수, 비빔국수라면 벌써 먹었을 텐데 아깝기만 하다. 그만큼 예전에 먹던 음식에 길들어 있어서인지, 느끼한 것보다는 담백한 음식이 더 좋은 것이다.

70년대 초 나라에선 쌀을 아끼기 위해 분식 많이 먹기를 권장했었다. 그때 국수는 가난한 서민들이 즐겨 먹는 음식 중 하나였기에 점심시간이 되면 자장면을 파는 중국집이나 칼국수집이 대성황을 이뤘다.

큰아이를 임신하고 직장에 다닐 때였다. 점심 값을 아끼려고 도시락을 싸 들고 다녔지만, 입덧이 심해 식사 시간만 되면 무얼 먹을까 걱정이었다. 유일하게 생각나는 것이 국수였다. 회사 근처 광화문 국제극장 뒤의 명동칼국수 분점을 찾아갔다. 그 시절 명동칼국수는 직장인들에게 대단한 인기였다. 명동 본점도 그렇지만 광화문 분점도 점심시간보다 조금 일찍 가야 자리를 차지할 수 있었고, 조금만 늦어도 줄을 서서 기다려야 했다. 그 칼국수는 어인 일인지 거의 날마다 먹다시피 해도 질리지 않았다. 지금 생각하니 매콤한 그 집 겉절이가 입맛을 찾게 한 것인지도 모를 일이다.

국수 맛의 비결은 삶는 과정도 중요하지만, 마음에서 우러나오는 정성과 국물에서 우러나는 진국 때문일 것이다. 우리 가족이 국수를 맛있게 먹은 것은, 배도 고팠겠지만, 나의 정성과 국물에서 우러나는 진국 때문이었을 것이다.

사람도 진실 되고 깊은 맛이 우러나는 사람이 있다. 사려 깊은 행동으로 남을 배려하는 사람이 있다. 요즘처럼 각박한 세상에 진국 같은 사람을 만나면 반갑기만 한데, 그런 사람 만나기가 쉽지는 않다.

정성 들여 만든 국물이 있어야 국수도 맛있듯이, 사람과 사람 사이도 마음에서 우러나오는 진국이 있어야 만남도 길고 오래가지 않을까.

(2016.)

화합의 의미 구절판

집에 귀한 손님을 초대하면 구절판을 만든다. 구절판은 만드는 시간과 정성이 필요하지만, 음식이 화려하고 특색 있어 눈으로도 먹는 요리다. 아무 말 없어도 손님에게 정성을 다했음을 알리는 효과를 연출하기도 한다. 내 경우 음식으로써 나의 마음을 선물하고 함께 어울린다는 의미도 담겨있다.

음식은 추억 속에 존재하고 그리움을 동반한다. 구절판, 하면 떠오르는 것이 구절판을 배울 때 조리대 앞에서 밀전병 부치기가 어려워 여기저기서 "쯧쯧" 혀를 차던 수강생들 모습과 내가 만든 구절판을 먹고 좋아하던 지인들 얼굴이다.

우리가 아파트로 이사 왔을 때 8일간 연속으로 집들이 한 일이 있었다. 그때 날마다 구절판은 빠지지 않았다. 첫날 손님상에 내놓은 구절판을 보고는 먹는 방법을 알려달라는 지인이 있어 밀쌈에 여덟 가지 음식과 겨자 소스를 얹어 싸드렸더니 오물오물 씹으며 엄지를 치켜세우고는 "따봉" 하셨다. 색다르고 오밀조밀한 맛을 본 손님들은 입을 다물지 못하며 금방 접시를 비웠다. 담백하고 깊은 맛이 어울려 질리지 않는다는 칭찬도 아끼지 않았다.

집에 온 손님이 차려준 음식을 맛있게 먹고 호평까지 해주니 신이 났었다. 청맹과니처럼 정말 그런가 싶어 여러 날 애정의 구절판을 만들고는 병이 났었다. 그 이후 친구네 집들이나 생일 등에 불려 다니며 이 음식을 만들어 주었다. 맛을 본 이들이 해달라는 요청도 있었고, 내가 해주고 싶어서 봉사한 일이었다.

얼마 전 내 글 '우정의 꽃' 주인공을 만났다. 살던 집을 허물고 새집을 지었기에 찾아갔더니 까맣게 잊고 있던 구절판 이야기를 꺼내며 그때 너무 고마웠다고 한다. 예전에 내가 만들어준 음식을 기억하며 고마웠다니 감개무량했다.

나는 그녀에게 빚만 지고 사는 터라 집들이하면 구절판을 만들어주겠다고 했었다. 그의 남편이 우리 집에 오셨을 때 구절판을 처음 먹어본다며 맛있게 드신 기억이 있어 한번은 해 주고 싶었다. 그래서 집들이하는 날 가서 정성껏 만들어 상차림을 도와주었는데, 그날 만든 구절판이 회사 동료들에게 큰 인기가 있어 흡족했었나 보다. 무엇보다 화려하면서도 맛있고, 영양학적으로도 뛰어나서 좋았다고 한다. 그때도 고마움의 표현을 여러 번 들었건만, 십여 년이 지난 지금까지도 두고두고 기억하며 그날의 감동을 전해주니 내가 더 고마웠다.

작은아들이 먼저 결혼해 며느리 첫 생일에 정성을 선물하고 싶었다. 궁리 끝에 송편과 구절판을 만들어 갔다. 며느리는 이런 상 처음 받아본다며 눈이 반짝 빛났다. 맛있게 먹는 모습에 더 기뻤다. 글을 볼 줄 아는 독자를 만나면 반갑듯이 음식도 만든 이의 정성을 아는 이에게 선물하면 그 기쁨은 배가된다.

큰며느리가 우리 집에 처음 온 날에도 밥상을 차릴 때 구절판을 만들어 주었다. 음미하며 먹으면서 요것저것 물어보고 얼마나 복스럽게 먹던지 내심 흐뭇했다. 구절판은 풍부한 맛의 조화와 씹히는 맛의 촉감이 부드럽고, 화려한 모습만큼 품위와 깊은 맛이 있다. 마치 좋아하는 사람들과 함께 밥을 먹으면 찬보다는 어울림이 좋듯이 먹어본 사람들은 분위기와 그 맛의 기억을 잊지 못하는 것 같다.

문헌에 나오는 구절판의 원래 이름은 밀쌈이다. '동국세시기'에는 궁중이나 반가班家에서 유월 유두의 시절 음식으로 밀쌈을 즐겨 먹었다고 하는데, 구절판 그릇을 사용했는지는 알 수 없다고 한다. 구절판은 우리 전통의 오방색인 노랑, 빨강, 파랑, 검정, 하얀색을 지닌 요리로 밀쌈에 싸서 먹는 음식이다. 동양적 사상이 깃들어 있는 이 요리를 만들 때는 밀쌈과 익힌 나물을 넉넉히 준비해야 한다. 접시가 동나면 얼른 채워주기 위해서이다.

오래전에 대지의 작가 펄 벅 여사가 내한했을 때도 구절판을 대접하였다고 한다. 그는 격찬하며 "나는 이 작품을 파괴하고 싶지 않다."고 선뜻 젓가락을 대지 못했다고 한다. 구절판을 처음 본 아홉 살의 손녀도 "할머니 이거 이름이 뭐예요?" 하며 신기해하였으니 섬세하고 우아한 구절판을 처음 본 외국인이 그럴 만도 했겠다.

구절판은 모든 재료를 가늘게 채 썰어 살짝 볶아야 한다. 구절판을 지도한 선생님은 채는 머리카락만큼 가늘게 썰라고 하셔서 가능한 한 곱게 채 친다. 밀전병은 밀가루와 물의 비율을 1:1.2로 밀가루보다 물의 양을 조금 많게 묽게 풀어 소금 간하고, 망에 거른 후 30분쯤 있다가 끈기가 생기면 부친다. 이때 약한 불의 팬에 종이로 기름을 살짝 묻혀 매번 닦아내며 한 수저씩 떠서 동그랗게 놓으면 지름 6cm쯤 된다.

익으면 옆면이 살짝 들리는데 이쑤시개로 뒤집어 채반에 식혀 놓는다. 주의할 점은 수저 뒷부분에 밀가루 물이 줄줄 흐르는 그대로 해야 한다. 되도록 얇고 낭창낭창하게 부쳐야 쌈을 쌀 때 야들야들하고 부서지지 않는다.

구절판은 예전에 화합하는 자리에 빠지지 않았다고 한다. 살다 보면 서로 다른 사람들과 이런저런 갈등으로 힘들 때가 있는데, 정성, 맛, 건강이 어우러진 별미 중 별미 구절판을 통해 화합하며 사는 의미, 새삼 깨닫는다.

(2016.)

어울림의 미덕

올해 아홉 살인 손녀는 날마다 비빔밥을 찾는다. 아침에도 꼭 비벼 먹고 학교에 간다. 나물이 없는 날은 "괜찮아요. 달걀프라이에 고추장만 넣으면 돼요." 한다.

올해는 고추장 담근 것이 맵다. 갈아온 쇠고기 달달 볶아 약고추장을 만들어 주었더니 비빔밥은 물론 밥반찬으로도 좋아한다. "할머니, 매워도 맛있어요." 입 호호 불고 찬물 마셔가며 잘도 먹는다.

비빔밥은 여럿이 쉽게 먹을 수 있는 우리 고유의 음식이다. 서로 다른 사람이 모여 함께 어울리듯, 다양한 재료가 한데 어우러져 깊은 맛을 낸다. 들어가는 재료는 정해져 있는 것이 아니라 제철에 나는 채소를 무치거나 볶아서 사용하면 되는데, 밥맛없는 밥상에 앉아있을 때 이것저것 넣고 비벼 먹으면 입맛이 살아난다.

정월 대보름이나 제사 다음 날 나물이 남아있을 때 비빔밥은 최고의 재활용 음식이 된다. 자신만 내세우지 않고 융합한 음식의 조화가 본연의 맛이 아닌 색다른 맛의 끌림이 있다. 평소에 잘 먹지 않던 나물도 골고루 먹게 되니 영양적으로도 훌륭하다.

집에 찬밥이 있을 땐 콩나물밥을 만든다. 커다란 냄비에 콩나물 넣고 표고버섯, 다시마, 멸치국물 낸 것을 자작하게 붓고 그 위에 찬밥을 얹어 콩나물이 익었다 싶으면 불을 끈다. 쇠고기가 있으면 채 썰어 양념하여 볶아서 밥을 풀 때 얹기도 한다. 이것을 가족 수대로 퍼주면 식성에 따라 참기름과 양념장을 넣고 비벼먹는다. 콩나물의 아삭아삭 씹히는 맛이 식감을 살리는 이 방식은 손쉽게 해서 맛있게 먹는 우리 집 별미요 인기 메뉴다.

오래전 여름, 울릉도에 갔을 때의 일이다. 배를 타고 섬을 한 바퀴 돌고 나서 육로를 따라 바닷가를 거닐 때였다. 한 음식점 앞 옥외 파라솔 아래서 큰 양푼에 밥을 비비는 광경이 눈에 띄었다. 가던 길을 멈추고 일행과 함께 그곳으로 향했다. 자세히 보니 밥에 고추장, 오이, 상추, 당근 등을 넣고 주걱으로 비비고 있었다. 아마도 꽤 여러 사람이 먹을 양인 것 같았다. 밥이 얼추 비벼지자 싱싱한 오징어 회를 넣었다. 오징어가 많이 잡히는 지역이다 보니 금방 잡아온 싱싱한 오징어를 채 쳐서 비빔밥을 만들고 있었던 것이다.

중간에 식초와 매실도 찔끔 넣고 쓱쓱 비비는데 옆의 혜숙 엄마가 입맛을 다시더니 "이런 건 먹어보고 가야지, 그냥 가면 집에 가서 후회해." 그 말을 들은 주인이 수저를 건넸다. 난 날것을 좋아하지 않아 한 발 뒤로 물러섰지만, 혜숙 엄마는 이미 그것을 퍼먹으며 엄지를 치켜세웠

다. 내게도 한 수저 떠서 입안에 넣어주어 얼떨결에 받아먹었다. 밥과 채소, 오징어회가 얼큰하면서도 씹히는 맛이 상큼했다. '아, 이런 맛이구나!' 고개를 끄덕이며 한 숟가락 더 뜨고 말았다. 새콤달콤한 맛이 일반 비빔밥과는 차이가 있었고, 얻어먹어서인지 더 맛있었다.

우리는 방금 성게알 비빔밥을 먹고 나온 터라 배부른데도 입이 달았다. 밖에서 먹은 음식이 색다르다 싶으면 집에 와서 해보는 터라 오징어를 썰어와 직접 만들어 보았으나 그 맛이 나지 않았다. 살아있던 오징어에게 미안해서인지 별로였다. 울릉도에서 경험한 오징어회 비빔밥은 그곳에 가지 않아도 다시 먹어보고 싶은 음식이 되었다.

어린 시절, 큰 양푼에 찬밥 넣고 집에 있는 반찬 몇 가지로 쓱쓱 비비면 너도나도 숟가락 바쁘게 들락거렸다. 서로 많이 먹으려고 했던 그 시절, 왜간장이나 강된장 지진 것만 넣어도 괜찮았고, 어쩌다 달걀찜을 넣으면 꿀맛이었다. 여름엔 열무김치나 늙은 오이생채, 가을엔 무생채, 깍두기만 있어도 한 그릇 뚝딱이었다. 그땐 왜 그렇게 비벼 먹는 밥이 맛있었는지, 해가 갈수록 밥상머리 그 풍경에 집을 짓는다.

한식 세계화의 대표주자가 된 비빔밥은 기내식으로 내외국인들에게 인기 있는 메뉴라 한다. 고국 방문을 끝내고 돌아가는 비행기 안에서 먹는 비빔밥은 향수를 불러일으킨다는 친구도 있고, 팝의 황제 마이클 잭슨은 한국에 왔을 때 비빔밥 마니아가 되었다는 일화도 있다.

보통의 비빔밥은 콩나물이나 숙주, 시금치, 도라지, 고사리, 오이, 청포묵 등을 나물로 만들어 색스럽게 놓고, 고추장과 달걀프라이를 넣고 비벼 먹는다. 쇠고기 육회나 날달걀을 얹기도 하는데 난 날것보다는 익혀서 넣는 것을 택한다. 지역마다 고유의 비빔밥은 그 지역의 향토색을 담고 있는데 우리나라는 전주비빔밥, 진주비빔밥, 안동의 헛제삿밥이 유명하다.

비빔밥이 처음 알려진 문헌은 1800년대 말엽 '시의 전서'라는 조리서로 알려져 있다. 비빔밥의 옛 이름은 골동반이고 '어지럽게 섞는다'는 의미를 지녔다고 한다. 궁중에서 여러 가지 재료를 섞어 비벼 먹으면서 양반가에 알려지게 되었고, 민중에게 퍼져 유래되었다는 것이다. 마을 조상에게 제사를 지내는 동제와 산신제에서 비롯되었다는 설, 섣달 그믐날 저녁, 해를 넘기기 전에 남은 음식을 모두 넣고 비벼서 밤참으로 먹었다는 주장도 있다.

예전에 모내기나 추수할 때 음식 재료를 들로 가지고 나가서 한꺼번에 비벼서 나누어 먹었다는 말도 이해된다. 모두 내가 어려서 보았던 풍경이라 다 그럴듯하고 눈에 선하다.

한 그릇의 비빔밥은 여러 사람이 한데 어울려 새로운 세상을 만드는 우리네 삶과 많이 닮아있다. 어떤 사람을 만나느냐에 따라 자신의 인생이 탈바꿈하듯, 어느 재료를 넣느냐에 따라 밥 이름이 달라지고 맛의 매력이 다르기 때문이다.

자신의 고유한 맛을 잃지 않으면서도 융합하여 감칠맛을 내는 비빔밥처럼, 드러냄보다는 어울림의 미덕을 쌓을 때 삶은 조화로운 비빔의 별미가 되지 않을까 싶다.

밥상을 차리며

밥은 그리움이다. 매일 먹어도 때가 되면 밥이 그립다. 배가 고프면 김이 모락모락 나는 밥 내음이 머릿속에서 떠나질 않는다. 시장기가 돌 때 밥 먹으면 그야말로 꿀맛이다. 시장이 반찬이라고 별 찬이 없어도 밥의 고소함을 진하게 느끼는 것이다.

해외 근무가 잦은 작은며느리가 어느 날 공항에 도착해서 전화를 했다. “어머니, 집 밥이 먹고 싶어요.” 얼마나 밥이 그리웠으면 도착하자마자 집 밥이 먹고 싶다고 할까. 응석 섞인 목소리에 얼른 따끈한 밥을 해주고 싶었다.

외국에 나가면 음식이 입에 맞지 않을 땐 차라리 굶고 오는 경우가 많다고 하더니 서양 요리보다는 집에서 해주는 집 밥이 간절한 모양이다. 따끈한 밥에 김치와 된장국만 먹어도 속이 개운할 것 같아 미리 쌀을 씻어 불리고 오는 시간에 맞춰 압력솥에 안쳤다. 기왕이면 좀 더 맛있게 지어주고 싶어 쌀, 찹쌀, 좁쌀, 검정콩을 넣었다. 국은 옥상에 심은 아욱을 뜯어 마른 새우 넣고 된장을 풀어 끓였다.

찬은 열무김치, 가지나물, 시금치나물, 멸치조림, 우엉조림, 들기름 발라 구운 김, 북어찜, 매실 장아찌, 마늘종 조림, 등의 반찬을 만들어 정성스럽게 밥상을 차렸다. 밥상 앞에 선 며느리의 눈이 반짝 생기가 돌았다. 시집온 후 첫 생일에 송편과 구절판을 만들어주었더니 “어머니! 이런 밥상 처음 받아 봐요.” 했을 때와 비슷한 표정이다. 얼른 수저를 들어 달게 먹더니 “어머니! 맛 기행 온 것 같아요. 따뜻한 밥 먹어서 행복해요.” 하며 웃는다. 배가 고팠다가 숟가락 바쁘게 먹고 나서는 편안한 표정을 짓는 작은며느리의 기쁨이 내게 전이되어 흐뭇했다.

가정주부라면 누구라도 가족이 제때에 들어와 맛있게 밥 먹는 모습만 봐도 마음이 푸근할 것이다. 그 모습을 보려고 시간과 정성 들여 국이나 찌개를 끓이고 반찬을 만들어 밥상을 차리는 것이 아닌가,

언제인가 내가 차려준 밥상을 받은 큰며느리 역시 “어머니! 이건 어떻게 만드셨어요. 음~ 맛있네요. 맛있게 먹어서 행복해요.” 했다. 가족이 맛있게 먹는 모습만 봐도 가슴 뿌듯한 것이 음식을 만든 이의 심정이 아닌가, 밥상 한번 차려주고 큰 기쁨을 선물 받았다 여기니 다음엔 더 맛있는 음식을 준비해야겠다는 생각이 들었다.

시골에 살았던 나는 농사짓는 집안에서 자랐다. 자연히 음식의 원천은 텃밭이고 논이었다. 부모님은 직접 심어 거둔 곡식을 방앗간에서 찧어와 밥을 지으셨다. 춘궁기엔 보리밥이 아주 싫었지만, 가을에 기름이

좌르르 흐르는 쌀밥은 단숨에 먹어버렸다.

풋콩을 까 넣거나 수수쌀을 섞어 지은 밥, 좁쌀만 넣어 지은 밥은 밥 자체만으로도 특유의 고소함이 있었다. 푸성귀는 텃밭에서 직접 심어 가꾼 채소로 김치를 담그거나 나물을 만들고 국을 끓였다.

어머니는 음식 솜씨가 좋아 무엇이든 손이 가면 감칠맛이 있었다. 된장찌개는 보글보글, 나물은 조물조물, 조림은 자작자작, 생채는 살짝 무쳐도 일품이었다. 아버지는 다른 집 음식을 먹어봐도 우리 집 반찬이 제일 맛있다고 밥상머리에서 어머니를 칭찬하시곤 했다. 정말 어머니 손은 오감을 자극하는 맛있는 손이었다.

가을에 우리 집 타작하는 날에 점심 밥상은 생각만 해도 군침이 돈다. 무쇠솥에 넉넉히 지은 쌀밥은 참기름을 발라놓은 것처럼 윤기가 흘렀다. 쌀밥에 배추된장국, 갈치 무 조림, 두부조림, 무생채, 깍두기 겉절이 콩장 등을 놓고 차린 밥상은 보기만 해도 정갈했다.

탈곡기에 타작하던 일꾼들이 사기 주발에 고봉밥을 먹고 나면 어머니는 다시 밥상을 차려 이웃을 불러 함께 점심을 드셨다. 병약한 분이 있으면 한 상 차려서 갖다 드리고 집안에 있는 사람은 모두 오라고 손짓하셨다. 가난했지만 이웃 간의 정은 그때의 풍습이고 미덕이었다. 그 시절 소박한 시골 밥상이 입안에 감돌던 촉감의 기억은 잊히지 않는다. 지금 생각해보면 텃밭에서 키운 채소들이 담백한 맛을 내는 최고의 건강 밥상이었던 것 같다.

요즘 주말이면 맛있다는 음식점을 찾아다니기도 한다. 우리 내외와 아들 둘, 며느리 둘, 손녀가 모이면 나가서 먹자고 한다. 먹을거리의 풍요 속에 나를 위한 배려임을 알지만, 밖에서 먹자고 약속해 놓고 아이들 몰래 시장을 보고 음식준비를 하기도 한다. 힘은 들지만, 중국 김치에 맛없는 밥과 조미료 들어간 찬보다는 집에서 지은 잡곡밥에 제철에 나는 채소와 김치, 밑반찬만으로도 밖에서 먹는 것보다 더 나을 때가 있어서이다. 어머니가 그랬듯이 가족에게 위생적이고 깔끔한 음식을 먹이고 싶은 어미의 심정도 곁들어 있기 때문이다.

이즘 혼자 사는 젊은이가 많다. 결혼보다는 자유를 만끽하며 살거나 경제적인 이유로 결혼을 못 하고 사는 이도 적지 않다. 싱글족이 많다 보니 끼니를 대충 때우거나 간편하게 먹게 된다. 또한, 맞벌이 부부의 증가로 집에서 밥해 먹는 것보다는 밖에서 사 먹는 경우가 많아졌다. 그러다 보니 어머니 정성이 깃든 따뜻한 집 밥이 그립다고들 한다.

음식은 가족 간의 화합이고 추억이 된다. 미각의 향수는 어른이 되어서도 잊히지 않는다. 특히 어머니가 마련했던 밥상은 하나의 풍경이 되어 계절마다 꺼내보게 되는 그리움이 되었다.

내가 해준 음식을 먹은 며느리들도 나처럼 맛의 기억이 되살아날 때가 있을 것이다. 내 아들과 제 자식에게도 정성 들여 따뜻한 밥과 국을 끓이고 반찬 만들어 밥상을 차려주리라 믿는다.

(2014.)

가을 고사

가을엔 모든 것이 풍요롭다. 이른 봄 씨앗을 틔워 여름 내내 튼실하게 키워낸 열매들이 알곡으로 여물어 햇곡식을 선물한다. 이를 감사히 여겨 예전에 농가에선 가을 고사를 지냈다.

그 시절 농경사회의 토속신앙으로 농사지은 쌀로 햅쌀밥을 지어 조상님께 예를 올리거나 떡을 만들어 올리는 풍습이 있었다. 시월상달에 지내는 고사는 가족의 평안, 재수를 축원하고, 재액을 물리치기 위한 의식이었다. 이를 성주고사, 안택고사, 가을 떡이라 부르기도 했다.

어린 시절 가을이면 어머니는 떡을 잘 만드셨나. 먹을 것이 없었던 시절이었지만 집안의 대소사에 떡은 필수 음식이었다. 쌀이 떨어지거나 보릿고개엔 그마저도 할 수 없는 형편인데도 농한기에 중요한 손님이 오면 미리 떡을 해서 대접하셨다. 인절미, 콩버무리, 수수팥단지, 시루떡 등을 자주 하셨는데, 쌀가루에 팥을 켜켜로 얹어 쪄낸 시루떡 맛은 지금도 잊지 못한다.

추수가 끝난 음력 시월상달엔 잊지 않고 시루떡을 해 고사를 지냈다. 통 북어에 실타래를 묶어 시루 손잡이에 꽂고는 냉수 한 사발과 함께 소반 위에 올리셨다. 그리고는 대들보가 있는 마루에서 어머니의 치성이 시작되었다. 몸을 정갈하게 하고 정성 들여 지내는 고사는 햇곡식을 먹게 해준 집안의 신과 조상님께 곡진한 예를 올리는 의식이었다.

어머니는 햅쌀이 나올 시기에 벼가 익지 않았으면 풋바심을 해서라도 햅쌀밥을 지어 어머니의 신께 예를 올리셨는데, 그 모습은 누구도 범접할 수 없는 위엄이 느껴졌다.

동네 어느 집에서 큰 굿을 할 때도 돼지머리와 술, 시루떡은 빠지지 않았다. 굿이 끝나면 마을 잔치가 벌어지고, 구경꾼들은 막걸리 한 잔에 돼지머리와 시루떡을 얻어먹었다. 시루떡이 쓰였던 것은 붉은색의 팥이 귀신을 물리치거나 잡귀를 쫓는다는 속설에서 그러지 않았을까 싶다.

어머니의 시루떡 하는 과정을 지켜보면 여간 공들이는 것이 아니었다. 쌀과 찹쌀을 반씩 섞어 물에 불리고 헹구어 절구에 빻아 고운체에 내리셨다. 구멍이 숭숭 뚫린 시루에 시루 밑을 깔고, 쌀가루와 삶은 팥을 켜켜로 얹은 다음, 무쇠솥에 안치고 아궁이에 불을 때셨다.

떡이 다 익었다 싶으면 뾰족하게 다듬은 나무 막대로 찔러보셨다. 그 막대에 날가루가 묻지 않고 깨끗하게 나오면 어머니 얼굴은 반들반들한 미소가 번졌다. 날가루가 묻어나오면 부정 탄 것이라고 여겨 고개를 가우뚱하며 혀를 끌끌 차셨다. 혹여 무슨 잘못이나 한 것처럼 불안해 하셨다.

정월 대보름엔 시루떡을 담아 장독대, 대문, 부뚜막, 변소, 다락 등에 갖다 놓고 고수레를 하셨다. 집안의 모든 신에게 정성을 다함으로써 가족이 무탈하기를 비셨다. 그 의식이 끝나면 이웃집에 떡 돌리기가 시작되었다.

아버지가 만든 작은 목기에 시루떡 두세 조각씩 올려주면서 누구네 집에 다녀오라 하셨는데 가난한 집에는 몇 조각 더 얹어주셨다. 허기진 마음이 먹고 싶은 것도 꾹 참고 동생과 나는 달음질쳐서 떡을 돌렸다. "잘 먹겠다고 말씀드려라." 하는 이웃의 말을 전하는 것도 신나는 일이고, 어린 마음에도 무엇을 베푼다는 것이 기뻤던 것 같다. 그때는 그것이 순박한 정을 나누는 풍습이고 미덕이었다.

떡 돌리기가 끝나야 비로소 시루떡을 먹을 수 있었는데 그 떡은 어머니 마음처럼 따뜻하고 포근했다. 배고픈 시절이었으니 꿀맛이었다. 밥 대용으로도 먹고, 겨울밤 따뜻한 아랫목에 앉아 동치미국물과 조청에 찍어 먹던 쫀득한 맛의 기억은 겨울 풍경이 되었다.

시루떡은 한국전통의 고유 음식으로 오래전부터 잔치, 제사, 장례, 개업 등 집안의 대소사에 자주 쓰였다. 대부분 팥시루떡을 하지만, 무를 채 썰어 넣으면 무채시루떡, 호박고지를 말려서 넣으면 호박고지시루떡, 대추를 넣으면 대추시루떡, 곶감을 넣으면 곶감시루떡 등 무엇을 넣느냐에 따라 떡 이름이 달라지고, 그 나름의 맛과 향이 달라서 특별 음식으로 고유한 전통을 지니고 있다.

시루떡은 낙랑 유적에서 동과 흙으로 된 시루가 발견되었다 해서 그 역사가 오래되었다 한다. 요즘은 각종 사업을 하거나 경조사에 빠지지 않고 등장하는데, 그것은 좋은 일이 있을 때 복을 기원하고 액막이로서 나쁜 기운을 물리친다고 믿어왔기 때문이다.

아파트에 이사 갔을 때 떡을 해서 이웃에 나누어 주었더니 답례로 가루비누나 휴지, 과일 등이 선물로 들어왔다. 이럴 땐 배보다 배꼽이 더 큰 경우로 오히려 미안한 감이 있었지만, 이웃 간의 정도 느끼고, 음식도 나누어 먹게 되니 시골인심 그대로 따뜻했다. 주는 사람의 뿌듯함과 받는 쪽의 고마움이 서로에게 안겨지니 행복 바이러스가 저절로 일어난다고 할 수 있겠다.

시루떡을 보면 네모진 떡 속에 어려서 함께 살던 아버지 어머니와 육남매의 얼굴이 콕콕 박혀있다. 가족이란 울타리 안에 붉은 깃 동정 단 이불 덮고 잠자던 그때가 내 가슴에 와르르 안겨 온다. 한 조각 떡 위에 뿌려진 팥고물이 고민고만하게 자라던 우리 형제 같아 애잔하다.

요즘 떡집도 많이 생기고 각종 떡이 상품화되어 손쉽게 먹을 수 있는 세상이 되었다. 방앗간에 팥고물이 고물고물 얹혀 있는 시루떡을 보면 입맛이 다셔지지만, 어린 시절 어머니의 성성이 깃든 시루떡 맛의 기억은 어디서도 찾을 수가 없다. 마음이 따뜻했던 그 시절, 가을 고사를 지내기 위해 시루떡을 만들던 어머니의 정서가 새삼 그립다.

(2012. 11. 월간 독립기념관 관보)

어머니의 설

어렸을 때는 왜 그렇게 설날이 오기를 손꼽아 기다렸는지 모른다. 때때옷 입고 큰집에 가거나 세배하러 다니는 것도 즐거웠지만, 먹을 것이 많이 생긴다는 이유에서도 설을 손꼽아 기다렸을 것이다.

어머니는 설이 오기 한 달 전부터 명절 준비로 분주하셨다. 아버지의 한복을 만들거나 놋그릇 닦기, 엿 고기, 감주 만들기, 가래떡 마련해 썰기, 부꾸미, 다식, 약과 만들기 등등 설은 이미 단대목 이전부터 시작되었다.

엿 고을 때는 부정한 일을 하거나 보는 일이 없어야 한다고 부엌을 들락거리면서도 몸을 정갈하게 하셨다. 쌀이나 찹쌀, 수수쌀 등을 물에 불려 고두밥을 짓고 엿기름물에 불려 끓여서 자루에 넣어 짜낸다. 이 국물을 커다란 무쇠솥에 넣고 저어주면서 졸여주면 엿이 되었다. 아궁이에 불 때는 일도 쉽지 않았지만, 어머니는 엿의 농도가 맞는지 확인하기 위해 나무주걱으로 엿물을 올렸다가 내려놓기를 반복하였다. 고단한 어깨 기댈 겨를도 없이 건밤을 보내며 엿물이 반들반들 윤기가 흐르면 먼저 조청을 뜨고 조금 더 졸여서 엿을 푸셨다.

넓은 목기에 콩고물을 펼쳐놓고 엿물을 부어 식혀서 말랑말랑해지면, 뚝 떼어서 입안에 넣어주셨다. 또 나무젓가락에 눈깔사탕만큼 뭉쳐주면 두 손으로 돌돌 돌려 가며 달콤한 맛에 빠지곤 했다. 조청은 떡을 찍어 먹거나 유과나 다식을 만들 때 또는 강정을 만들 때 쓰셨다. 그 강정을 비닐봉지에 담아두었다가 손님이 오셨을 때 내놓으면 맛을 본 손님들의 칭찬이 자자했다. 콩이나 들깨 땅콩 같은 것도 같은 방법으로 만들어 주셨는데 단맛에 어머니의 정성이 가미되어서인지 그야말로 꿀맛이었다.

엿은 고려 시대부터 전해 내려오는 우리의 전통식품이다. 엿에 대한 기록은 이규보의 '동국여지승람'에 실려 있는 것이 가장 오래된 것이라고 한다. 엿의 주성분은 당질로서 영양가가 높으며 신체 흡수율이 빠르다. 엿은 난단한 갱엿과 유동성이 있는 물엿으로 구분되며, 물엿은 당과를 만드는 당분의 주원료로 많이 쓰이는데 간단하면서 열량이 높은 식품이라 할 수 있다.

풍습에 보면 절에 들어가 과거 공부하는 일을 상사독서上寺讀書라 했다. 상사독서 하는 집에서는 엿을 고아 먹였는데 머리를 많이 쓰는 정신노동에 단것이 좋다는 데에 근거를 두었다고 한다. 또 공문서를 전하는 역졸驛卒이나 장사꾼, 명당을 찾아다니는 풍수장 등 먼 길을 가는 사람들은 가볍고 열량 공급이 빠른 엿을 휴대하고 길을 떠났다고 한다.

내가 어렸을 적엔 가위 찔걱거리는 소리만 들어도 엿장수가 온 것을 알 수 있어 좋아했다. 한 손엔 가위, 등엔 북을 메고 흥겨운 소리와 춤으로 시선을 끄는 아저씨는 돈뿐만 아니라 고추씨나 양은그릇, 종이, 쇠, 빈병, 고무신 떨어진 것 머리카락 모아둔 것 등을 내다 주면 입이 벌어졌다. 물물교환하는 셈이었는데 뚝딱 잘라준 엿 맛은 그 시절 최고의 맛으로 먹을 것이 많은 지금 생각해도 군침이 돈다.

요즘 들어 간간이 길가에 엿장수를 보게 된다. 시장이나 마트, 백화점의 개점 행사장 마당에 각설이타령을 부르는 엿장수는 우스꽝스럽게 꾸민 차림새와 요란한 춤으로 사람들을 불러 모으지만, 예전만큼의 인기는 덜한 것 같다.

근친 갔던 새색시가 시가로 돌아올 때 엿을 함지박 가득 만들어 와서 일가친척에게 돌렸던 때가 있었다. 그것은 입이 붙어 새색시의 흉을 보지 말아 달라는 의미가 담긴 풍속이었다. 요즘 이바지에 여러 가지 엿을 보내는 것을 보면 아마도 그 의미를 미루어 짐작할 수 있을 것이다.

예전의 엿은 세찬의 필수 음식이므로 가정과 지방에 따라 독특한 것이 개발되었다. 강원도의 옥수수로 만든 황골엿, 충청도 지방에서는 무를 채 쳐서 넣은 무엿, 전라도 지방은 고구마엿, 특히 강원도 평창의 쌀엿이 유명했다고 전해진다. 제주도의 닭엿과 꿩엿, 황해도의 조청에 찹쌀 미숫가루를 넣어 만든 태식이 있었다고 하는데 이들 엿은 간식이기 이전에 보양식이었다.

엿의 주성분은 당질로서 영양가가 높으며 신체 흡수율이 빠르다. 엿은 딱딱하지만, 입안에 넣었을 때 서서히 단맛을 낸다. 가만히 음미해 보면 입안에 녹아드는 맛이 인생의 참맛과 도리를, 삶이 고달픈 사람에게 쓴맛과 단맛의 의미를 알려 주는 것 같다. 요즘에 각종 시험이나 수능 시험 볼 때 합격을 기원하는 엿 선물을 많이 한다. 끈적끈적한 엿처럼 단박에 철컥 붙으라는 의미이지만 잘못 먹으면 이가 빠지거나 입안에 붙어 애를 먹으니 조심해야 한다.

해마다 설이 오면 단대목부터 담방대던 내 모습과 고향 집의 목가적 풍경이 떠오른다. 놋그릇에 떡국 담아 오순도순 모여 앉았던 가족의 얼굴도 생각나고, 하얀 눈을 자박자박 밟으며 유똥 치마 차려입고 함께 세배 다니던 아랫집 언니도 잊을 수 없다.

무엇보다도 엿을 고아 광에 넣어두고 귀한 손님이 오셨을 때나 자식들 간식으로 먹이던 어머니의 정성과 분주한 몸놀림, 손놀림만은 아련한 그리움 속에 머물러 내 어린 날의 추억 속을 자꾸만 엿보게 한다.

(2009. 전국공모 시흥문학상 우수상 수상작)

명절 음식과 나

결혼 이후 내겐 연례행사가 많아 집안에 손님이 자주 드나들었다. 남편 친구들이 몰려와 방앗간의 참새처럼 먹고 놀고 숙식하고 가기도 하고, 종손의 맏며느리여서 제사와 명절을 챙기려면 일손이 부족했다.

멋모르고 장손의 맏며느리가 되어 맞이하게 되는 명절은 결혼 초나 지금이나 걱정부터 앞선다. 미리부터 준비해야 할 음식 재료와 설맞이로 공연히 마음이 제자리에 앉아있질 못한다. 차례상은 물론, 맛있는 밥을 지어 집에 오는 손님들에게 대접해야 하는 일 모두 소홀히 할 수 없기 때문이다.

예전보다야 매우 조촐해졌지만 손님이 유숙하고 갈 이부자리와 베개도 미리 손봐야 하고 커튼도 떼어 빨고 집안의 대청소도 말끔히 해야 한다.

명절 음식 중에 제일 시간이 많이 가는 건 전 부치는 일이다. 걱정되긴

하지만 이제 며느리가 둘 있고 사촌 동서들이 오니 한결 수월해졌다. 예전에도 아들 둘과 남편이 맡아서 생선전, 표고전, 풋고추전, 동그랑땡, 호박전, 꼬지 등의 전을 부쳤는데 숙달이 되어서 잘들 한다.

그래도 준비는 내가 해야 할 몫이기에 단대목이 오면 설레발치며 바삐 돌아가고 설이 지나고 나야 어려운 숙제 하나는 했네, 한시름 놓인다. 맏며느릿감도 못 되는 내가 그 자리에 있어 늘 부족함이 따르니 명절이 지나고 나면 무얼 잘못하지는 않았나? 하는 자괴감이 들기도 한다. 많은 것을 베풀어야 할 자리여서 잘못한 건 없는지 살펴보게 되는 것이다.

설음식은 아무래도 기름진 것이 많아 개운한 것도 준비한다. 김장김치와 시원한 동치미가 있어도, 햇김치와 나박김치를 새로 담근다. 더덕과 간장게장도 묻혀놓고 북어조림도 윤기 있게 졸여놓는다. 불고기에 각종 전유어, 잡채, 삼색 나물(고사리, 도라지, 시금치) 등도 어우러져 떡만둣국과 함께 명절 상이 차려진다.

그중에 잡채는 많은 사람이 좋아하는 요리 중 하나이고 우리 가족도 젓가락이 먼저 가는 음식이어서 명절 상에 빠지지 않는다. 잡채를 처음 먹어본 기억은 잊히지 않는다. 어미니 따라 이웃집 잔치에 갔다가 어머니가 과방에 부탁해 얻어준 잡채는 씹을수록 쫄깃쫄깃한 것이 신세계였다. 허겁지겁 작은 접시 하나를 비우고도 더 먹고 싶었다. 어머니는 "얼른 먹고 집에 가!~"라고 귓속말을 하셨다. 그만큼 귀한 음식을 자식에게 먹이려니 누가 볼까 민망해서 그랬을 것인데도 "얼른 먹고 집에 가"라는 말이 몹시 서운했다.

잡채는 요즘 흔한 음식이라 누구나 해먹을 수 있는 요리가 되었다. 잡채는 당면을 삶아 각종 채소를 볶아서 버무리지만 부추잡채, 콩나물 잡채, 풋고추잡채 등 채소로만 하는 잡채도 있고, 떡 잡채, 해물 잡채, 버섯 잡채 등 재료에 따라 다양하게 응용하여 만들기도 한다. 또한 각종 찌개나 불고기 전골, 설렁탕, 만두소, 육개장 등에 당면을 넣어도 맛있다.

잡채를 맛있게 하는 비결은 당면 삶는 물에 식용유를 한 방울 떨어뜨리고 삶아서 찬물에 헹구어 유장(간장, 설탕, 참기름) 처리하는 것이다. 프라이팬에 유장을 넣고 팔팔 끓을 때 삶은 잡채를 넣어 재빨리 볶아주면 수분이 날아간다. 미리 밑간을 해주는 것인데 물기가 없어 당면이 쉽게 붇지 않고 금방 쉬지 않는다. 요리 실습 시간에 배운 것인데 물에 헹군 당면을 그냥 무치는 것과는 차원이 다른 잡채 요리가 된다. 조금만 발품을 팔면 싱싱한 채소를 싼값에 살 수 있듯이 약간의 정성으로 맛있는 요리를 할 수 있는 것이다.

채소는 각각의 색깔을 살리고 아삭한 식감을 주기 위해 소금 간하여 살짝 볶고, 버섯 종류와 쇠고기는 간장, 설탕, 참기름, 마늘로 밑간하여 볶는 것이 요령이라 할 수 있다. 숙채가 식으면 유장 처리한 당면을 넣고 후추, 참기름, 설탕, 통깨를 넣어 버무리면 된다. 각각의 재료에 밑간이 되어 있어 한결 부드럽고 별도의 간을 하지 않아도 맛있다. 접시에 가지런히 담고 파란색 붉은색, 노란색 등의 고명을 조화롭게 얹으면 맛깔스러운 잡채가 되는 것이다.

지금 내가 음식에 관심이 있고, 집에서 만들기를 좋아하고 일가견이 있다면, 그것은 어려서부터 어머니에게 어깨너머로 배운 결과물일 것이다. 누군가에게 음식을 만들어 대접하는 일은 신나고 기분 좋은 일이다. 사람과 사람을 이어주는 연결고리가 되어 서로에게 믿음과 편안함을 주기도 한다. 소박하지만 정성 들여 만든 음식은 먹는 이의 가슴에 그대로 전해진다고 할 수 있겠다.

세월은 나이만큼의 속도로 과속한다더니 어느새 책임이 많아진 생의 가을에 와 있다. 무엇이든 완벽을 추구하려다 보니 몸은 고달프고 마음은 바쁘게 돌아다녀 명절이 지나고 나야 한시름 놓곤 한다.

설날은 가족이 모여 맛있는 음식을 먹고 세배를 통해 덕담을 나누며 나이 한 살 더 먹은 것에 대한 의미를 화합에 두어야 할 것이다. 이번 명절에도 집에 오는 손님에게 잡채는 물론, 따뜻한 마음이라도 맛있게 대접해야겠다.

(2016.)

나물이고 싶다

매년 가을 찬바람이 불면 나물을 말린다. 봄에 햇나물이 입맛을 돋운다면 겨울은 묵나물이 제격이어서 무청 잎이 하나둘 생겨도 버리지 않고 갈무리할 채비를 한다. 무청은 식이섬유와 비타민, 미네랄, 칼슘 등 몸에 좋은 요소가 많아 해마다 거르지 않고 마련한다.

고갱이만 하면 연해서 맛이 더 좋겠지만 웬만한 겉대의 줄거리를 말려도 괜찮다. 삶아서 껍질을 벗겨내면 속살이 연해지는 건 마찬가지이기 때문이다. 애호박·가지도 얇게 저며 채반에 돌려놓고, 고구마 줄기·취나물·고춧잎·표고버섯·무말랭이 등등도 번갈아가며 옥상에 널어 햇볕을 받게 한다. 바람과 햇볕을 받은 나물들은 비타민 D를 받아들이며 제색을 잃고 쪼그라든다. 바지런하게 말린 나물을 미리 준비해둔 양파망에 넣어 옥상 유리방에 걸어두면 겨우내 먹을 수 있는 찬거리로 요긴하게 쓸 수 있다. 그것은 어려서부터 계절마다 나물 말리는 어머니를 보아왔기에 어렵지 않다.

요즘엔 겨울에도 재배한 싱싱한 나물을 살 수 있지만, 제철에 나온 나물을 말려두고 겨울에 먹으면 식욕은 물론 건강에도 좋고 색다른 맛을 느낄 수 있다. 묵나물을 맛있게 만드는 비결은 맛을 부드럽게 하는 것이 요령인데 말린 나물을 푹 삶아서 그물에 그대로 두었다가 우려낸다. 시래기는 그냥 먹어도 좋지만 껍질을 벗겨내면 훨씬 부드럽고 맛있다.

꼭 짜지 말고 먹기 좋은 크기로 잘라 집 간장, 마늘, 파, 들기름을 넣고 조물조물 무친다. 볶다가 들깨가루 한 숟가락을 듬뿍 넣고, 멸치육수를 약간 주어 뭉근한 불에서 뚜껑을 덮어두면 나물이 부들부들해진다. 묵나물의 포인트는 불 조절과 멸치육수, 들깨가루를 넣어 뜸 들이는 것이다.

물기가 거의 잦아들 때까지 바특하게 조린다는 느낌으로 해야지 물기가 너무 마르면 퍽퍽하고 수분이 많으면 나물 맛이 덜하다. 중간, 중간에 열어서 점검하고 정성 들여야 하는 것이다. 꺼내기 직전에 파를 넣어 한소끔 더 뜸들이면 파가 파랗게 되어 보기에도 좋고 나물이 반드럽다. 이렇게 하면 수분과 기름, 양념 간이 어우러져서 저분저분한 나물 요리가 되는 것이다. 말린 묵나물의 효능은 비타민 D의 생성과 항암효과 식이섬유를 보충하는 공급원이 되기도 한다. 약초도 날 것일 때보다 말려서 썼을 때 그 효과가 배가되듯이 묵나물도 영양가가 높아 보약이나 다름없고 산약초나 진배없다.

얼마 전 지인에게 시래기나물 만드는 방법을 알려주었더니 껍질 까는 것과 들깨가루 넣는 것을 몰랐다며 정말 별미였다고 연락이 왔다. 이럴

땐 공연히 어깨가 으쓱해진다. 환자일 경우 배변을 촉진시키는 기능이 풍부하고 부드러워서 더 좋다고 이 나물의 마니아가 되기도 한다.

정월 대보름엔 오곡밥과 아홉 가지 나물을 해먹는 것이 우리의 풍습이라 여러 가지 나물 반찬을 만든다. 이를 진채식이라 하여 여름에 더위를 먹지 않고 한 해를 무사히 보낸다는 속설에서 유래되었다. 나도 취나물·애호박·가지·고사리·시금치·고구마줄거리·시래기 등등의 나물을 만들어 이웃과 나눠 먹기도 한다.

언제인가 해인사 가는 길에 칠십여 명의 도반과 함께 들른 식당에서 먹던 나물 맛은 지금도 잊지 못한다. 예약되어 있던 식당에 들어서자 밥상에 펼쳐 놓은 소담스런 나물들이 식욕을 자극했다. 커다란 접시에 예쁘게 돌려 담은 나물은 눈으로도 깊은 맛이 느껴지고 정갈했다. 맛을 보니 조미료가 전혀 들어가지 않아 담백했다. 흐뭇한 맛을 본 사람들은 여기저기서 더 달라고 아우성이었다. 다들 시장기가 있던 터라 큰 대접에 각종 나물, 된장찌개와 밥을 떠 넣고 쓱쓱 비벼서 맛있게 먹던 모습이 지금도 눈에 선하고 입맛이 다셔진다.

그때 밥상에 나온 나물들은 시래기·도라지·고사리·콩나물·가지나물·머위나물·취나물·묵나물 몇 가지와 된장찌개 등이었는데 먹어도 그 맛을 모르는 나물 한 가지가 있었다. 무나물도 아니고 도라지도 아닌 흰색 나물이 무슨 나물인지 따로 맛을 보아도 알 수가 없었다. 앞 사람에게 물어보고, 옆 사람에게 여쭤 봐도 다들 모른다고 했다. 식당을 나오며 수첩과 펜을 들고 주인에게 다가갔더니 가지 껍질을 벗겨서 무친 나물이라 했다.

아니, 이럴 수가, 쉬운 문제를 틀려버린 학생처럼 쿡, 웃음이 나왔다. 색깔이 다르다고 가지나물 맛을 모르다니 어이가 없었다. 전혀 다른 시선으로 보았던 정체의 궁금증은 풀렸으나, 어떻게 이런 아이디어가 떠올랐을까, 음식을 만든 이의 정성에 많은 생각이 들었다. 사람이나 음식이나 자신을 어떻게 꾸미고 가꾸느냐에 따라 맛과 모양이 다를 수 있다는 걸 일깨워준 가지나물이었다.

절에서는 육식을 금하여 나물이 매우 발달하였다. 건강식으로 알려져 나물 요리를 배우는 이들도 많아졌지만, 예전에 기근이 들어 굶주리게 되었을 때는 구황식품救荒食品으로도 많이 이용되었다.

요즘 많은 사람이 몸에 좋다는 채식주의로 자연식을 찾고 있다. 각종 나물은 식물이 만들어내는 천연항암제로 곤충이나 세균의 침입으로부터 자신을 보호하기 위해 특수한 생화학물질을 만들어낸다고 한다. 흙, 물, 바람, 햇볕이 만들어내는 보약이라 할 수 있을 것이다. 프랑스 사람들은 한국의 비빔밥에 들어가는 나물 반찬을 축복이라고까지 표현하고 있다니 이런 음식을 먹게 해준 선조들의 지혜와 산과 들이 많은 나라에 살고 있음에 감사해야 할 일이다.

나물이 각종 양념과 어우러져 맛있는 음식이 되듯, 편안한 사람들과의 만남은 어울림 자체만으로도 좋은 향기를 낼 수 있어 흐뭇할 때가 있다. 나도 은은한 향을 내는 맛있는 사람이고 싶다. 너그러움과 부드러움으로 깊은 맛을 내는 겸손한 나물이고 싶다. (2013.)

정성의 맛 냉면

우리 가족은 가끔 오장동으로 냉면을 먹으러 간다. 입맛이 없거나 맛있는 음식이 생각날 때면 기억속의 맛이 살아있는 냉면 집을 찾아서 간다.

처음 이 집에 드나들게 된 것은 결혼하기 전 남편이 직장에서 동료들과 함께 점심 먹으러 다니면서 시작되었다. 남편과 내가 만난 이후에도 계속 다녔으니 어느덧 40여 년의 시간이 흐른 셈이다. 이제는 어머님과 우리 내외, 아들네 식구까지 4대가 한곳의 냉면집을 드나드는 단골손님이 되었다.

얼마 전에도 어머님을 모시고 냉면을 먹으러 갔다. 맛이 좋기로 소문난 집이라 줄을 서서 기다리는 건 부지기수인데 기다리는 사이 어머님에 대한 예우에 감동했다. 얼마 전까지만 해도 우리는 2층으로 올라갔다. 그곳엔 곱게 빗은 쪽머리가 잘 어울리는 한국의 여인상 같은 주인아주머니가 계산대에 앉아 계신다. 예전의 할머니 따님인 듯한 분의 단아한 모습, 편안해 보이는 이미지에 이끌리어 1층이나 3층을 놔두고 2층으로 올라 다녔다. 이제는 어머님 다리가 불편해서 1층에서 먹고 온다.

회를 좋아하는 편은 아니지만 여기서 만큼은 나도 회냉면을 시킨다. 새콤달콤하게 무친 홍어회의 오돌오돌 씹히는 맛과 오이, 계란, 무채를 얹어 비벼먹는 맛이 일품이기 때문이다. '자주 오지 못하니 실컷 먹고 가야지.' 하면서 냉면 사리까지 주문하는데 때론 우리가 시킨 것 외에 사리 하나가 더 나올 때도 있다. 처음엔 어인일인가 싶어 종업원에게 물어보니 사장님이 하나 더 드리라고 했단다. 고마운 마음에 잘 먹겠다고 인사하고 와서 먹는 냉면 맛은 따끈한 인정이 녹아들어서인지 입에 착착 감겨와 뚝딱 먹어버렸다.

이런 일은 언제인가도 있었다. 주인아주머니가 안 계시고 아드님이 있던 날이었다. 왜 사리 하나를 더 주는가, 물었더니 "아저씨 얼굴을 알아서 드린 거예요" 한다. 자주 가지는 못했어도 주인이 남편의 얼굴을 은연중 기억했나 보다. 서비스로 하나 더 준 사리 덕분에 그날도 냉면을 실컷 먹었다.

냉면은 여름에 별미로 먹는 음식이기도 하지만 냉면을 좋아하는 사람들은 여름보다는 겨울에 먹는 맛이 더 맛있다고 한다. 조선 시대에 '동국세시기'에 보면 11월 동짓날 먹던 음식이 냉면이었다. 원래 북한에서도 겨울에 먹는 음식이 냉면이었고, 평안도식 냉면은 추운 겨울날 뜨거운 온돌방에 앉아 동치미국물에 면을 말아서 덜덜 떨며 먹었다 한다.

지금은 장성한 큰아들이 두 살쯤 되던 겨울로 기억된다. 그때는 지금

의 오장동 냉면집이 허름한 단층집이었다. 넓은 시골 방 같은 데서 남편과 냉면 나오기를 기다리는데 주인 할머니가 물냉면을 미리 가져와 우리 아기에게 먹이는 것이었다. 당신의 손자처럼 냉면 먹이는 모습을 보면서 정이 많은 분이라는 걸 알 수 있어 고맙고 감사했다.

냉면 맛을 알지도 못했을 어린 아들은 쪼르륵 쪼르륵 잘도 받아먹으며 그 시간만큼은 할머니의 귀여움을 독차지하였다. 냉면을 먹이며 빙그레 웃으시던 할머니 이야기를 냉면집을 갈 때면 아들에게 해주곤 했었다. 그때 냉면집 할머니는 사람들이 다 어디 가고 냉면 먹으러 안 온다고 걱정을 하셨는데, 언제인가 돌아가셨다는 소식을 신문에서 보았다. 불우이웃을 돕고 좋은 일도 많이 하셨다는 기사를 읽으며 어린 아들에게 냉면을 먹여주던 기억이 생생해 머리가 절로 숙여졌다. 그 아이가 결혼하여 냉면 집과의 인연이 오늘날까지 이어지고 있으니 단골손님의 생명력이 맛있는 냉면 맛과 주인의 정성에 있다고 할 수 있을 것이다.

얼마 전에 작은아들이 모 신문에 인터뷰한 기사가 실렸다. 제목이 '부모님은 40년째 그 집 냉면만 고집'이었다. 역시 우리 가족이 오장동 냉면집을 드나드는 내용이었는데 읽으면서 감회가 새로웠다. 더구나 제 자식까지 다니고 있으니 저도 감회가 깊었나보다.

지난해 캐나다 사는 친구가 고국을 방문했다. 동생 집이 성남인데 성남에서 오장동까지 일주일에 닷새를 냉면 먹으러 올만큼 그 집 맛을 선호했다. 닷새 되는 날 나를 불러 냉면을 사주면서 주인에게 "제가 어제도 왔었고요, 오늘 닷새째예요." 해서 모두 웃었다. 이렇듯 외국에 사는 친구들도 서울에 오면 오장동 냉면 먹자고 하고 내가 그곳으로 안내하기도 한다.

절에서는 스님들도 복달임을 하는데 복날에 더위를 이기기 위해서 특별한 음식을 먹는 것이 승소僧笑 냉면이라 한다. 승소는 스님들이 별미로 즐기는 냉면이 워낙 맛이 있어 생각만 해도 절로 웃음이 나온다 해서 생긴 이름이다. 얼마나 맛이 있었으면 시도 때도 없이 냉면 생각이 나서 수행에 방해가 될 정도라 하니 입에 당기는 그 맛을 알고도 남는다.

냉면은 회냉면으로 대표되는 함흥냉면과, 평양냉면으로 대표되는 물냉면이 있다. 을지로의 평양냉면집에 가면 고향의 향토 음식 맛이 그리워 연세 드신 분들이 많이 찾는다. 나는 둘 다 맛이 있지만 냉면 맛을 처음 알게 해준 함흥냉면에 더 마음이 끌린다. 첫 젓가락에서 느껴지는 감칠맛에 시어머님도 "음~ 이 맛이야." 하며 달게 드셨고, 친정어머니도 이 맛에 반하여 편찮으실 때 포장해서 보내드렸더니 입맛을 찾으셨다고 전화하셨다. 친정 올케도 그 집 냉면 맛을 잊지 못한다고 두고두고 내게 전한다. 우리 가족이 오장동 회냉면 맛이 최고라는 데는 이변이 없다.

음식 맛의 생명은 정성에 있을 것이다. 좋은 재료에 대한 정성, 만드는 이의 정성, 손님에 대한 정성이 맛을 내는 비결일 것이다. 그렇다면 나도 모든 면에 정성들인다면 맛있는 그 무언가를 얻을 수 있지 않을까.

대를 이어가는 오장동 흥남집 냉면 고유의 맛이 변하지 않는 한 우리 가족도 대를 이어 계속 찾아갈 것이다.

(2013.)

쌀밥 한 그릇

단풍잎 고운 산야를 바라보며 친구들과 함께 양평의 둘레 길을 걸었다. 조금 가다 보니 콤바인으로 벼 베는 풍경이 눈에 들어온다. 높은 하늘 맑은 기운이 감도는 요즘, 곡식도 여물고 가을도 익어가고 간다. 온통 황금빛으로 채워놓은 들판을 대하니 문득 쌀밥이 먹고 싶었던 어린 날이 떠오른다.

내가 어렸을 때 가을마당은 늘 바쁘기만 했다. 이른 아침부터 탈곡기로 타작을 하면 다음 날은 멍석을 깔아 수확한 낟알을 널어놓고, 닭들이 모여드나 참새 떼가 달려드나 망을 보아야 했다. 붉은 고추, 팥, 녹두, 참깨, 들깨 등도 펼쳐놓으면 마당은 햇볕이 가득, 햇곡식이 그득했다.

가을이면 더 바쁜 어머니는 추석에 벼가 익지 않았을 때는 풋바심해서라도 무쇠솥에 불을 때서 햅쌀밥을 지으셨다. 소반 위에 냉수 한 사발과 김이 모락모락 나는 쌀밥을 고봉으로 뜨고는 대들보가 있는 마루, 봉당,

장독대, 대문, 부엌 등의 순서로 집안의 신과 조상님께 곡진한 예를 올리셨다. 몸을 정갈하게 하고 정성을 다해 비손을 함으로써 집안이 무탈하기를 기원하셨다.

늦가을 마당에 노적가리를 쌓고, 날을 잡아 타작하는 날에도 어머니는 보리밥이 아닌 쌀밥을 지으셨다. 남새밭에서 가꾼 배추된장국에 배추김치, 무생채나물, 겉절이, 깍두기, 무 넣고 조린 갈치조림 등으로 채워진 밥상은 진수성찬이었다. 품앗이하는 일꾼들이 뜨끈뜨끈한 밥을 후후 불어가며 한 그릇 다 잡숫고 나면 이웃들을 불러 점심을 함께 드시고, 대장간에 사는 거지에게도 한 상 잘 차려주셨다. 잘 여문 나락을 수확하는 기쁨을 이웃들과 함께했던 어머니의 정서는, 가난했지만 순박한 정을 나누는 그때의 풍습이었다.

초여름 모내기가 한창일 때 광주리에 못밥을 담아 머리에 이고 가는 어머니 뒤를 쫄랑쫄랑 따라가던 때가 있었다. 주전자에 막걸리를 담아 들고 가는 사랫길은 즐겁기만 했었다. 어머니는 조금 넓은 논둑에 반찬을 펼쳐놓고는 주걱으로 밥을 떠서 먼저 "고수레~"를 강하게 외치셨다. 일꾼들 역시 수저로 밥을 조금 떠서 "고수레~"를 하고는 멀리 지나는 사람이 있으면 소리쳐 불러서 함께 진지를 드셨다. 그 모습을 보고 있으면 나도 얼른 밥이 먹고 싶어서 침이 꼴깍 넘어갔다. 다 잡숫고 나면 어머니는 서둘러 광주리를 이고 집으로 오실 때도 있었지만, 나와 같이 못밥을 먹을 때도 있었다. 보리밥만 먹다가 쌀밥을 한입 베어 무는 순간, 혀끝에 감도는 밥맛은 꿀맛이었다.

그 시절엔 가장 소중한 것이 밥이었다. 한입 덜기 위해 남의 집 머슴을 살거나 도회지로 식모살이를 가는 사람도 있었고, 고깃국에 쌀밥 먹는 것이 최고의 소원이었던 사람도 많았다. 밥술 뜨기도 어려운 집에선 한 끼 거르기 일쑤였고, 봄이면 보릿고개에 쌀밥은커녕 보리밥도 못 먹는 집이 많았다. 명절이나 생일, 제삿날이 아니면 흰 쌀밥을 구경하기도 어려웠다.

요즘은 외국 음식도 많이 들어오고, 매년 풍년 소식에 먹고 싶은 요리를 얼마든지 골라서 해먹을 수 있는 시대가 되었다. 밥도 흔한 세상이 되어 맛집을 찾아다니기도 하는데 얼마 전 시골 밥상이란 간판만 보고 들어갔다가 낭패를 보았다. 반찬은 화학조미료에 밥은 뻣뻣해서 먹을 수가 없었다. 조금만 신경 썼더라면 간판이 부끄럽지는 않은 밥상을 차릴 수도 있었을 텐데 아쉬웠다. 밥이 고슬고슬하게 잘 지어진 식당에서 밥을 먹게 되면 그 주인의 인품이 저절로 느껴진다. 밥 짓는 데 들인 정성을 알기 때문이다.

밥은 때와 장소에 따라 또는 신분에 따라 부르는 명칭이 달라진다. 임금에게 올리면 수라가 되고, 어른에게 올리면 진지가 되고, 하인들이 먹으면 입시, 귀신이 먹는 밥은 메가 된다.

그릇 위까지 수북이 올린 밥을 고봉밥 또는 감투밥이라고 하고, 고깔밥은 밑에는 다른 밥을 담고 그 위에 쌀밥을 수북이 담아 고깔처럼 생긴 밥을 말한다. 그 외에도 비빔밥, 콩나물밥, 홍합밥, 굴밥, 구메밥, 눈칫밥, 소금엣밥, 곱삶이(꽁보리밥), 약밥 등 무엇을 넣느냐에 따라 밥의 명칭이 달라진다.

음식 중에 가장 기본이 되는 밥은 누가 먹든 어디서 먹든 간에 사람들은 밥심으로 살아간다. 배가 고픈 사람은 걸신들린 사람처럼 밥을 먹는다. 밥이 들어가야 휴! 하고 배고픔을 면하게 되고 편안한 휴식을 취한다. 여든여덟 번의 힘든 과정을 거쳐야 얻을 수 있다는 쌀 한 톨은 그래서 우리에게 귀한 에너지요, 생명의 원천이라 할 수 있다.

여행에서 돌아와 배고팠다가 먹는 밥은 어쩌면 상대에 대한 고마움을 모르고 있다가 알게 되는 깨달음이라 할까. 몸으로 마음으로 느끼는 진정한 그 무엇에 대한 감사함이랄까. 늘 먹던 밥에 대한 고마움을 모르고 있다가 집 떠나 있다가 돌아와 먹게 되는 밥의 의미는 진정 살아있음을 알게 하는 것이리라. 그러면서 배고픈 사람의 입장이 되어보기도 하고, 나는 누군가에게 따끈한 밥이 되어본 적이 있는가. 하는 생각도 하게 된다.

불가에서 공양미를 올리는데 쌀은 기쁨이라 한다. 우리가 살아가면서 저절로 기쁨이 일 때가 있는데 먹는 즐거움도 그중의 하나라고 할 수 있겠다. 생물학적 측면에서 본다면 아마도 굶주림에 시달리던 사람이 허기진 배를 채우려고 밥을 먹을 때, 배고픔에서 해방되는 기쁨이야말로 그 무엇과도 바꿀 수 없는 최상의 기쁨이라고 할 수 있을 것이다.

이 가을 자신의 삶을 완수한 알곡으로 여문 벼 이삭을 보면서, 쌀밥이 먹고 싶었던 어린 날이 가을바람에 일렁인다. 정화수에 쌀밥 한 그릇 떠놓고 간절히 비시던 어머니의 잔영이 자꾸만 도드라진다.

(2010.)

짧은 동영상

몇 해 전 겨울로 들어서는 초입이지 싶다. 어머님 댁에 가려고 집을 나서는 데 전화가 걸려왔다.

"내가 지금 자네네 집에 가려고 하는데 집에 있는가?"

"네, 지금 막 어머님 댁에 가려는 중이에요."

"아 그래, 그럼 가는 길에 우리 아파트 앞에 잠깐 서게."

전에 살던 아파트 9층 형님 전화였다. 웬일인가 물었더니 도토리묵을 쑤었단다. 그 귀한 도토리묵을 주려고 우리 집에 오신다니 고맙기도 하고 송구스러웠다. 옆 동네이고 가는 길이니 금방 아파트 입구에 도착했다.

이웃으로 만나 정을 나누던 형님은 쇼핑백 하나 들고 이미 나와 계셨다. 환한 웃음 속에 "이거 내가 주워온 도토리로 묵을 쑤었는데 맛이나 봐~." 하신다. 쇼핑백 안을 보니 두부 한 모의 플라스틱 통에 담긴 도토리묵이 네 팩이나 들어있었다. "아니 웬걸 이렇게 많이 주세요?" "맛이 있을랑가 모르겄네, 귀한 거니 먹어 봐." 하며 껄껄 웃으신다.

자동차에 올라 보니 도토리묵은 약간의 온기가 남아 먹기 좋은 상태로 굳어 있었다. 손으로 살짝 들춰보니 찰랑거렸다. 내가 어머님 댁에 간다고 하니까 두 개는 어머님 드리고 나머지는 우리 먹으라고 네 개를 주신 것 같았다. 이걸 들고 내게 오시려 했던 그 마음 씀씀이에 가슴 뭉클했다. 묵직한 도토리묵을 내려다보며 돈으로는 환산할 수 없는 가치에 따듯함이 느껴졌다.

아파트에 살 때 몹시 아픈 적이 있었다. 병원에 다녀도 잘 낫지 않고 힘든 시간을 보내고 있었다. 형님도 그렇지만, 앞집 아주머니도 내가 병이 난 걸 알고는 날마다 색다른 음식을 해오셨다. 우거지 된장국을 시작으로 겉절이, 잡채, 콩 국물, 청국장 등을 만들어 오셨다. 나중엔 무얼 먹어야 입맛을 돌게 할까 생각하다가 도토리묵을 쑤셨다고 했다.

그 아주머니는 맛있는 음식을 주시면서도 조심스러워 하고 부끄러워 하셨다. 도토리묵을 내밀면서도 그랬다. 조용한 성품의 아주머니는 늘 환한 미소로 나를 대하곤 하셔서 나도 그런 부분을 닮고 싶었다. 함께 사는 이웃에 이런 분이 계셔서 늘 의지가 되곤 했었다. 그때 이웃은 다들 내게 잘해 주셨는데, 난 그곳(휘경동)을 떠나와 가끔 그리움에 젖곤 한다.

도토리는 풍년보다 흉년에 더 많이 열린다고 한다. 가난했던 시절 없는 사람들이 도토리라도 주워 먹고 살라는 하늘의 섭리였을지도 모르지

만, 구황작물이었던 음식이 건강식으로 알려지면서 묵 전문점도 대성황을 이루고, 요리하는 방법도 다양해졌다. 도토리부침개, 도토리묵밥, 도토리국수, 도토리수제비, 도토리막걸리, 도토리전병, 묵말랭이 등 순수 자연식품으로 알려지면서 노약자나 환자들에게 인기 있는 음식이 되었다.

동의보감엔 늘 배가 부글거리거나 대변보는 시간이 규칙적이지 않은 사람, 소변을 자주 보거나 몸이 자주 붓는 사람에게 효능이 있다고 기록되어 있다고 한다. 중금속 해독, 설사나 이질, 혈관질환에도 효과가 있다고 알려져 있다.

도토리묵이 탄생하는 과정은 상수리나무에 열린 도토리를 주워다가 껍질을 까서 말린다. 그것을 물에 담가 우려내고 맷돌이나 믹서에 갈아 고운 천으로 된 자루에 넣고 짜서 앙금을 안친다. 이 앙금을 물을 갈아주며 우려낸다. '타닌'이라는 떫은 성분이 빠지게 하는 것인데 어느 정도 되면 도토리묵을 쑤거나 녹말을 말려두었다가 나중에 사용하는 것이다.

도토리묵 만들기는 생각보다 아주 쉽다. 친정어머니 옆에서 눈대중으로 익혔는데 풀 쑤듯 하면 된다. 나도 여러 번 실패하고 나서야 이젠 제법 완성도가 높아졌다. 도토리 가루 1컵에 물 6컵 정도의 비율을 물에 개어 체에 거르고 큰 냄비에 안친다. 처음엔 센 불에서 눋지 않도록 계속 저어주면서 끓이다가 농도가 엉겨 뭉글뭉글해지면 중불로 줄여서 서서히 익히고 약한 불에서 뜸 들인다. 끓으면서 기포가 튀어 오르기 때문에 조심해야 하고, 여름엔 농도를 약간 되게, 겨울엔 조금 질게 해야 다

되었을 때 탱글탱글하고 촉감 좋은 묵이 완성된다.

나무 주걱으로 들어 올렸을 때 주르륵 떨어지다가 나중에 뚝, 뚝 하고 아주 천천히 떨어지면 잘된 것이다. 여기에 소금, 들기름 넣고 큰 양푼에 퍼서 식힌다. 이렇게 만든 묵을 썰면 낭창거리고 탱글탱글하다. 윤기가 흘러 그냥 먹어도 맛있지만, 채소를 넣고 슬쩍 무쳐도 좋다. 양념간장에 김만 넣어도 맛있다. 묵밥은 멸치 육수에 묵을 채 썰어 넣고, 고명(김치 쫑쫑 썰어 무친 것, 김 채 썬 것 등)을 얹어 먹으면 간단한 식사로도 좋고, 국 대용으로도 훌륭하다. 한겨울 동치미 국물에 말아도 좋겠다.

요즘 음식을 나눠 먹는 이웃이 흔치 않다. 어쩌다. 묵을 쑤거나 마실 가고 싶은 날, 혹은 부침개를 부치고 누군가에게 주고 싶을 때 별말 없이 지내던 그 이웃이 그립다.

돈만 있으면 무엇이든 쉽게 사 먹을 수 있는 세상에 손수 만든 도토리 묵을 전해주며 웃음 짓던 그 정성이 그립다. 허기진 마음을 채워주며 찾아오고 내려가던 9층 형님과 앞집 아주머니 모습이 짧은 동영상되어 오버랩된다.

(2016.)

두부와 만두의 관계

우리 동네에 두부 가게가 새로 생겼다. 젊은 청년들이 만드는 두부는 부드럽고 맛이 있어 금방 동이 난다. 두부가 맛있다 보니 오는 손님들이 단골이 되어 문전성시를 이룬다.

주인은 빵 가게처럼 가게 앞 게시판에 두부가 나올 시간을 적어놓았다. 이걸 읽어본 고객은 두부가 나올 시간에 미리 와서 줄을 서서 기다리는 진풍경이 벌어진다. 20대 후반쯤 되어 보일까 말까한 형제들이 어떻게 이런 발상을 하였는지 기특하고 대견해서 지날 때마다 두부가게가 잘되었으면 하는 바람을 갖는다.

두부는 어느 집이건 부담 없이 먹을 수 있는 서민 음식이다. 두부의 효능은 고단백 저칼로리로 이소플라본이 들어있어 뇌혈관을 깨끗하게 하고, 치매 예방에도 도움이 된다고 한다. 칼슘과 단백질이 풍부해 어린이 성장발육에도 좋고, 다이어트와 변비, 근육 만들기와 몸매 가꾸는데 좋다고 알려져 있다. 조림, 지짐으로 좋고, 물렁해서 어린아이나 노인들이 먹기에 좋은 식품이다. 여러 가지 찌개에 단골손님으로 등장하고, 고기와 야채 속에 으깨지면 자신은 작은 알갱이로 변하여 어울림 속에 묻혀버린다. 두부 본연의 맛이 아닌 함께 어우러져서 부드러운 맛을 내는 비결을 가지고 있다.

우리 집은 단박에 한 모 다 먹을 때도 있지만, 물을 갈아주면 며칠을 요긴하게 쓰기도 한다. 한데 이 집 두부 맛을 알고부터는 기다리면서까지 두부를 사게 되고 자주 먹게 되었다. 어쩌면 두 젊은이가 믿음직스럽고 정직해보여 더 찾는지도 모르지만, 부드럽고 고소한 맛을 본 사람들은 다른 두부를 사지 못하는 마력의 맛을 지니고 있다.

만두를 만들기 위해 두부를 사러갔다. 커다란 가마솥 두 개엔 늘 뽀얀 콩국물이 끓고 있었는데 한쪽에 바닥난 솥 안을 보니 이미 응고된 순두부를 꺼내 두부로 완성시킨 뒤였다. 한데 만든 두부가 이미 다 팔렸다며 20분 뒤에 새 두부가 나온다고 했다. 기다릴 수 없어 선불로 두부 값을 주고, 오라는 시간에 맞춰 갔더니 가게 주인은 내가 돈 준 것을 깜빡 잊고 두부를 다 팔아버렸다며 미안해했다. 날은 저물고 이미 만두소를 다 만들어놓고 두부만 넣으면 되는 터라 난감했다. 그렇다고 다른 집으로 가기는 싫었다.

늘품 있는 두부가게 형제는 어쩔 줄 몰라 하더니 두부가 나오면 집으로 배달해 주겠다고 했다. 이 추운 날 미안하게 두부 두 모를 어떻게 배달시키느냐고 하니까, “저희가 죄송하니까 꼭 갖다 드릴게요. 주소만 알려주세요." 했다. 내가 다시 나가도 되지만, 저녁 시간이라 믿고 돌아왔다.

저녁 8시가 되자 내 귀가 대문에 걸렸다. 반가운 사람이라도 오면 얼른 뛰어나가 반기려는 듯 한걸음이라도 미리 마중하려고 기다리고 있었다. 오토바이 소리에 이어 띵동~, 대문벨 소리가 들렸다. 인터폰으로 문을 열어주고 얼른 현관문을 열었다. 정말 두붓집 청년이 두부를 들고 왔다. 방금 만들어 가져온 듯 따끈따끈했다. 반가웠다. 생각지도 못한 순두부까지 덤으로 가져와서 그 성의가 고마웠다. 나는 얼른 집에 있는 귤 몇 개를 손에 쥐어주며 고맙다고 했다. 두부 한 모 팔아서 얼마나 남는다고 순두부까지 덤으로 가져왔을까, 생각하니 청년이 고맙고 미안했다.

평소 두부가게를 지날 때면 뿌연 김이 가게 안의 청년들을 감싸고 있어 어린 시절 부엌에서 두부 만들던 어머니 생각이 나곤 했었다. 멋 내고 싶고 유행 좇아가고 싶은 나이에 어른도 하기 힘든 두부가게 할 생각을 어찌하였을까. 취직 못 해 전전긍긍하는 요즘 젊은이들을 보면 안타깝기만 한데 공연히 고맙게 여겨진다.

저녁내 만두를 빚으며 생각했다. 이 세상엔 돈으로는 환산할 수 없는 가치가 사람의 마음을 얻는 일이구나 그것이 감동시키는 일이구나 싶었다. 이런 작은 감동을 나도 그 형제에게 주고 싶어서 만들던 만두소를 조금 남겨두어 이튿날 점심에 새로 만두를 빚어 두부가게로 갔다.

늘 둘이서 함께 있던 형제가 그날은 형 혼자 있었다. 어제 내가 이

만두를 만들기 위해 두부가 필요했었고, 적당한 시기에 배달해 주어 만두를 잘 빚었다고 은박 도시락에 넣은 따끈한 만두 열 개를 내밀었다. 덕분에 순두부도 맛있게 잘 먹었다는 말도 잊지 않았다. 청년은 의아해 하더니 얼굴이 금세 환해졌다. "고맙습니다." 넙죽 착한 인사를 하며 웃는 얼굴이 내게 기쁨이 되어 전율이 흘렀다. 착한 일을 하면 이렇게 흡족함이 선물로 오는구나 싶었다.

다음에 두부 사러갔을 때 청년은 옆에서 거드는 어머니에게 만두 주셨던 분이라고 나를 소개했다. "아 그러셨어요. 우리 가게에 자주 오시는 분이네. 우리 아들이 그 만두를 먹고 점심을 먹지 않았어요. 엄마 먹으라고 두 개를 남겨 놓아서 저도 맛보았는데 정말 맛있게 잘 먹었어요. 고맙습니다." 만두 열 개를 다 먹지 않고 어머니를 위해 남겨놓은 그 마음씀씀이가 청년이 어떤 성품을 지녔는지를 알게 했다.

우리는 날마다 많은 사람과의 관계 속에서 살아간다. 누군가에게 감동을 주는 일은 상대방과 본인에게 큰 기쁨을 얻는 일이다. 이런 기쁨은 긍정의 에너지를 발산하며 나비효과를 연출하기도 한다. 좋은 관계를 유지하려면 두부와 만두의 관계처럼 서로 아우르고 다독이며 더불어 사는 일이 아닐까.

청년의 기쁨, 만두 열 개의 내 기쁨이 있던 추운 겨울날, 세상은 따뜻했다.

(2017. 1. 그린에세이)

명태이야기

강원도 인제군 북면 용대리는 겨울이면 명태 말리는 자연 덕장이 즐비한 곳이다. 몇 해 전 연말, 고성군 일대를 관광하고 돌아오는 길에 용대리를 지나다가 명태 말리는 덕장에 들렀다. 여기저기 드넓은 벌판에 세워진 덕장 모습을 보니 "와!" 하는 탄성이 절로 나왔다. 깊어가는 겨울, 어쩌나가 대관령이나 진부령을 넘을 때면 보곤 했던 모습이 그날은 장관이었다.

말리는 과정이 궁금한 나는 아가미를 꿰어 덕장의 덕대에 높다랗게 내걸린 명태들을 만져 보았다. 차갑고 딱딱했지만, 색깔이 말갛게 되어 있어 황태가 되려면 아직도 멀었다.

화진포에서 해양박물관 전시실을 돌아볼 때도 나는 세계적인 희귀 조개류 및 갑각류나 동해에서 서식하는 어류보다는 명태에 대해 관심이 더 많았다. 요리에 관심이 많아 그곳에서도 명태이야기를 설명한 그림

을 보며 물고기 한 마리가 태어나서 죽음에 이르는 과정을 자세히 살펴보았다.

명태는 함경도 관찰사가 명천군에 초도순시를 왔는데, 반찬으로 내놓은 생선이 담백하고 맛이 하도 좋아 이름을 묻자 모른다고 하기에, 명천군의 명明자와 어부의 성太을 따 명태라고 지었다고 한다. 명태는 저장 상태에 따라 생태, 동태, 황태, 노가리, 잡는 방법에 따라 그물태 또는 망태網太, 낚시태, 계절에 따라 춘태春太, 추태秋太, 동태凍太, 선태, 산란을 한 명태가 살이 별로 없어 뼈만 남다시피 한 것은 꺽태로 불리고 명태를 말린 북어는 황태를 으뜸으로 친다. 그밖에도 왜태(특대), 애기태, 맨 나중 어기에 잡힌 작은 명태를 막을태, 은어바지, 선달바지, 더덕북어 등 명성만큼이나 이름도 다양하다. 알은 명란젓, 내장으로는 창난젓, 대가리로는 귀세미젓, 눈은 구워서 술안주로도 쓴다.

의학적으로는 뇌의 영양소라는 트립토판(tryptophan)이란 성분이 들어있어 머리를 맑게 하고, 간에는 비타민 A가 풍부하게 들어있어 침침한 눈을 좋게 한다고 한다. 과학적으로는 노화 방지와 보양 건강식품으로도 입증된 약효가 많고, 피부에 탄력을 주고 주름살을 방지한다고도 알려져 있다.

예전엔 집을 지어 상량식上樑式을 하거나 이사 할 때도 통북어를 흰 무명실로 감아 고사를 지내고, 전통혼례나 관혼상제에도 북어는 빠지지 않았다고 한다. 요즘엔 자동차를 사거나 음식점을 개업해도 고사를 지낸 후 문설주에 걸어놓기도 한다. 아마도 집안에 잡귀나 액운이 들지 않도록 지킴이 역할로 걸어두는 것이라 여겨진다.

겨울이면 우리 집은 동태찌개나 북어찜이 식탁에 자주 오른다. 값도 싸지만, 겨울이라야 제맛이 나고 가족들이 좋아하기 때문이다. 오죽하면 작은 녀석은 "엄마, 이다음에 우리 색시에게 감주甘酒 만드는 법과 북어찜 하는 것은 꼭 전수해 주세요."라고 할 정도다. 갑자기 찾아오는 손님이 있어도 미리 준비해 냉동실에 넣어둔 동태에 무를 썰어 넣고 찌개를 끓이면 국물도 시원하고 담백하다.

약간 말린 코다리를 토막 내 콩나물을 넣고 찜을 하면 아귀찜만큼이나 맛있다. 남편이 술 들고 온 다음 날은 북엇국을 준비한다. 북어는 단백질 함유량이 많아서 환자들에게도 좋고, 알코올을 분해하는 맥죤 성분이 있어 간장을 해독할 뿐만 아니라, 메티오닌 같은 아미노산이 많아 애주가들의 숙취 해소에도 으뜸이라고 한다. 서민들의 식탁에 자주 오르게 된 것은 값도 싸고 여러 가지 쓰임으로서도 손색이 없어서일 것이다.

내가 조리사 시험을 볼 때의 일이다. 한식을 공부해 이론은 합격했어도 어인 일인지 실기 시험은 두 번씩이나 떨어졌다. 구절판은 평소 요리법을 구구절절이 꿰고 있던 터라 자신 있게 만들어 제출했는데도 낙방하자 '요리'하면 그래도 자신만만했던 나에게 실망이 컸다. 오기가 나서 재도전한 실기 시험에 두부 젓국찌개와 북어찜이 나왔다.

통 북어 불린 것을 방망이로 두들겨 뼈를 발라내고 4~5cm로 잘라 갖은 양념을 해서 찜을 했다. 북어찜은 불 조절을 잘해야 한다. 불이 세면 금방 오그라들어 간이 배지 않고 맛도 덜해서 낭패를 본다. 냄비

밥을 뜸들이 듯 은근한 불에서 조리다가 뚜껑을 열고 국물을 끼얹으면서 조려주면 윤기가 흐른다. 국물이 잦아들 때까지 정성 들이는 것을 잊지 말아야 한다. 맨 나중에 시간차로 파를 썰어 얹고 뚜껑을 덮었다 열면 단백질이 풍부한 일품요리가 되는 것이다.

실기 시험으로 해놓은 북어찜은 내가 보기에도 그럴듯했다. 시식한 심사위원 얼굴에 흐뭇한 미소가 합격을 말해주었다. 색깔, 크기, 익히기, 맛이 맞아떨어진 것이다. 그 이후 북어 요리는 자신이 생겼다. 여름엔 북어포에 부추나 실파를 넣고 갖은 양념에 묻혀 냉장고에 넣어두면 밥도둑이 되기도 한다.

우리 집은 가끔 제사도 있고 손님들이 자주 오는 편이다. 그럴 때마다 북어찜을 해 놓으면 밑반찬으로 요긴하게 쓸 수 있어 좋다. 요즘은 통북어가 아니더라도 황태를 넓게 펴 놓은 것이 잘 나와 있어 제사 때에도 그걸 이용한다. 이것을 물에 10분만 담가 두어도 금방 쓸 수 있어서 편하다. 겨울 식탁은 북어찜에 김치만 있어도 밥을 맛있게 먹을 수 있다. 비린내가 없어 개운하고, 감칠맛이 나서 입맛이 돌게 한다.

많은 사람에게 사랑받는 물고기 한 마리의 쓰임이 이렇게 다양한데 집안에서나마 나의 쓰임이 명태만큼 다양하게 쓰이고 있는지 모르겠다.

우리가 살아가는 일도 명태가 동태가 되고 동태가 황태가 되듯이, 춥고 매섭고 혹독한 바람을 견뎌내야만 그 어떤 어려움도 이겨낼 수 있지 않을까. 힘겨운 환경을 이겨낸 삶의 뒷자락은 마지막에 어느 집 식탁 위에 올려지는 명태처럼 담백하고 영양가가 있지 않겠나 싶다. (2007)

변치 않는 맛 된장

된장찌개는 한국인의 손맛이다. 우리 고유의 전통적인 서민 음식이다. 누구나 쉽게 만들고 쉽게 먹는다. 쉽다는 것은 늘 집에 있는 재료로 언제든 만들어 먹을 수 있다는 얘기가 된다.

고기를 먹을 때에도 깻잎이나 상추에 된장을 넣어 싸 먹으면 맛있다. 토속적인 된장은 국이든 찌개이든 사철 먹어도 질리지 않고 여행 갈 때나 다녀오고 나서 먹으면 속이 편안하다.

나의 된장 만들기는 메주로 정월 장을 담그면서부터 시작된다. 매년 하는 행사이지만 1년 먹을 양식이니 신경 쓰고 정성들인다. 시골에 부탁한 메주 한 말로 정월 장을 담그고 50일 정도 지난 후에 메주를 건져 장 가르기를 한다. 된장과 간장을 분리하고, 장은 달이고 된장과 고추장을 만든다.

생콩을 불려 삶아서 믹서에 갈아 새로 뜬 된장에 섞어 버무리고 항아

리에 담는다. 칠월 장마 전까지 된장이 익어가는 과정을 살펴보며 발효 과학의 미학을 보게 된다. 곰팡이와 세균이 힘을 합쳐 다양한 미생물을 만들며 쿰쿰한 냄새를 유발하지만, 맛은 달다. 장마가 시작되면 김치냉장고로 옮기고 장마가 끝난 팔월이면 다시 항아리에 담는다. 혹여 가시가 생길까 봐 이런 과정을 거치는데 햇된장보다는 묵은장 색이 진하고 더 맛있는 걸 알게 되었다. 흔하지만 귀한 맛을 내는 된장은 상상할 수 없는 맛으로 우리 집 식탁에 자주 오른다.

아파트에 살다가 단독주택으로 오고부터 장 담그는 일이 수월해졌다. 햇볕과 바람이 반가운 손님처럼 찾아와 나를 도와주기 때문이다. 아파트에 살 때는 날마다 들여다보아도 곰팡이가 슬어 애를 먹었다. 주택의 옥상은 햇볕이 놀다 가기 때문에 따뜻한 온도로 된장을 숙성시켜 주어 고맙다. 담근 후 유리 뚜껑을 덮어두면 괜찮지만, 그래도 열어놓고 어린아이 돌보듯 자주 눈 맞추고 인사하고 얼굴 만져주는 걸 잊지 않는다.

옛 문헌에 보면 된장의 맛을 다섯 가지 덕으로 비유했다. 다른 맛과 섞여도 고유한 향미와 자기의 맛을 잃지 않는 단심丹心, 오래도록 상하거나 변함이 없는 항심恒心, 비리고 기름진 냄새를 없애면서 생선이나 고기보다 못하지 않다는 불심佛心, 매운맛이나 독한 맛을 중화시켜 부드럽게 해주는 선심善心, 어떤 음식과도 잘 어울리고 자연과 동화된다는 화심和心이 그것이다. 사람에게나 있을 법한 덕이 된장에 있다니 선조들이 된장을 얼마나 중요시했는지 고개를 끄덕이게 한다.

된장은 천연 항암제가 들어있어 암 예방에 좋고, 간 기능 강화, 고혈압 예방, 장 건강 지킴이, 치매 예방, 뇌 기능 향상 등 건강식품으로 알려져 환자들에게 인기가 높다. 이 밖에도 골다공증에 좋은 이소플라본, 노화 예방에 탁월한 사포닌, 변비에 효과적인 식이섬유 등도 포함돼 있다고 한다. 단백질도 콩으로 그냥 섭취하는 것보다 된장으로 섭취할 때 흡수율이 20% 이상 높아진다고 하니 많이 먹어도 좋을 것이다. 세계 영양학자들도 콩과 발효식품을 21세기 건강 영양 식품으로 인식하고 음식문화의 가치와 기다림의 지혜를 배우며 발효과학의 특성을 재해석하고 있다고 한다.

오래전 울릉도에 갔었다. 예약된 숙소에서 저녁 밥상에 취나물과 김치, 된장찌개가 나왔다. 주인은 배를 타고 온 손님들에게 속이 편안하라고 늘 된장찌개를 먼저 낸다고 했다. 뱃멀미로 고생했던 나도 호박, 감자, 두부가 듬성듬성 들어간 된장찌개를 먹고는 속이 나아져서 그다음 날 일정을 소화할 수 있었다. 이렇듯 된장은 국이든 찌개이든 마음 넓은 친구처럼 속을 편안하게 해준다.

우리 집은 된장을 국이나 찌개, 양념을 넣어 소스로도 사용한다. 된장국은 세철에 나는 채소를 이용하는데, 여름엔 멸치 육수에 아욱 된장국을 끓인다. 이때 마른 새우 한 줌 넣고 끓이면 국물이 달큼하고 순하다. 가을, 겨울엔 배추 된장국이 맛있다. 멸치 육수를 이용하기도 하지만, 쇠고기 푹 삶은 물에 된장 풀어 끓이기도 한다. 이때 고기를 미리 삶아서 식히면 하얀 기름이 뜨는데 이것을 다 걷어낸 뒤에 사용하면 담백하다.

된장찌개는 조금 바특하게 끓이면 맛있다. 텁텁한 맛이 나면 김칫국물을 약간 넣으면 해결된다. 요즘은 손녀들이 매워서 먹지 못할까 봐 풋고추를 넣지 않고 싱겁고 멀겋게 끓이기도 한다. 어느 땐 아이들 것을 따로 끓이기도 하는데, 쇠고기를 넣거나, 조갯살, 꽃게 한 토막을 넣기도 하는데 멸치 육수에 끓이는 것이 가장 담백하고 개운하다.

이 글을 쓰다 말고 입맛이 다셔져서 된장찌개를 끓였다. 마침 점심때가 되어 밥 생각이 나서이다. 냉장고를 열어보니 늘 먹을 양의 채소를 미리 준비해 두고 있어 다행이다 싶었다. 혼자 먹으려니 아주 작은 뚝배기에 마침 멸치 육수가 있어 감자를 넣고 끓이다가, 된장, 양파, 애호박, 버섯을 넣었다. 보글보글 끓을 때 거품을 걷어내고 두부, 대파를 넣고, 조금 떠서 맛보았다. "음~" 소리가 절로 난다. 역시 멸치 육수에 마른 표고버섯이 깊은 맛을 내는 비결인 것 같다. 회심의 미소를 지으며 밥 한 공기에 작은 뚝배기 하나를 다 비웠다.

아프고 입맛 없던 날 찾아갔을 때 된장찌개 끓이고, 조기 구워 수저 위에 올려주던 친구의 우정은 변하지 않는 된장처럼 오랜 시간이 흘러도 맛있게 익어 있다. 안팎으로 편치 않은 요즘, 서로가 따뜻하고 편안한 존재가 되어준다면 얼마나 좋을까, 보글보글 끓는 된장찌개처럼.

(2017. 3. 그린에세이)

5

나의 삶 나의 문학

[테마] **내 삶의 향연**

사는 게 가끔은 날벼락

몇 해 전 초여름이었다. 우리 부부는 둘이 다 운동을 좋아해서 아침마다 체조하거나 주말이면 테니스를 치는데, 휴일인 그날은 수락산으로 향했다. 떠나기 전에 남편은 한동안 등산을 하지 않았으니 무리하지 말고 깔딱고개까지만 다녀오자고 했다.

오랜만에 산에 가는 것치고는 발걸음이 제법 가벼웠다. 점심때쯤 깔딱고개에 도착한 우리는 조금 내려와 하늘이 보이지 않는 울창한 숲 그늘에 앉아서 준비해간 도시락으로 점심을 먹는 중이었다.

갑자기 비행기 소리가 요란했다. 아마도 어디서 사고가 난 모양이라 생각했다. 그 소리는 점점 가까이 다가오는가 싶더니 굉음이 들렸다. 귀가 윙~ 했다. 비행기가 머리 위를 빙빙 도는지 순식간에 나뭇잎이 심하게 흔들렸다.

위급한 상황이라는 걸 직감하고 먹던 도시락 뚜껑을 덮으려는 찰나,

갑자기 머리 위의 울창했던 숲이 휙 열리더니 비행기 한 대가 눈앞에 바짝 나타났다. 아찔한 순간 남편이 내 손목을 잡아끌었다. 몸을 낮추고 소스라쳐 피하는데 몇 발자국 가다가 넘어졌다. 비행기가 추락하는 줄 알고 이젠 죽었구나 싶었다. 바람은 또 얼마나 세게 부는지 나뭇잎과 종이컵, 먹던 도시락 등이 소용돌이치며 날아올라 온몸을 덮쳤다. 눈을 뜰 수도 몸을 지탱할 수도 없어 정신이 아득해졌다.

사태가 심각함을 알았다. 점심 먹던 자리에서 조금 뛰쳐나오긴 했지만, 굉음과 날아드는 나뭇잎 때문에 도저히 더는 갈 수가 없었다. 잘못 하다가는 둘이 다 죽거나 바람에 날려갈 것만 같아서 엉거주춤 꼭 붙잡고 버티고 있었다.

어렸을 때 마당에서 타작하면 바람개비를 돌려 턴 벼의 먼지를 가려내는 작업을 할 때가 있었다. 그때 날려가는 소용돌이의 왕 먼지 속에 내가 서 있는 것만 같았다. 한참만에야 굉음이 조금씩 멀어지는 듯했지만, 그래도 범상치 않았다. 바람이 삿아드는 것만 해도 다행이다 싶어 눈을 떠보니 주위 사람들은 주섬주섬 날아간 물건을 정리하는데 우리 내외는 그때까지 둘이 꼭 붙잡고 어마지두에 겁을 먹고 있었다.

멀리서 우리를 바라보던 사람들이 얼마나 웃음이 났을까, 옷은 먼지를 뒤집어쓰고 머리는 뒤죽박죽 엉망이었지만, 살았다는 안도감에 함께 소리 내어 웃었다. 머릿속과 몸속까지 들어간 나무 부스러기와 먼지를 털어 내느라 한참 부산을 떨면서 한 치 앞을 내다볼 수 없는 세상인데 하루하루를 소홀히 할 수 없다는 생각이 스쳤다.

먹던 도시락과 밥상으로 깔았던 신문지는 저만치 날아가 버려 먼지투성이가 돼 있었다. 종이컵은 어디로 날아갔는지 아예 보이지도 않았다. 그때야 팔 뒤꿈치가 쓰라렸다. 넘어질 때 다쳐서 피가 흐르고 있었던 것이다. 그러고 보니 남편의 하얀 양말도 피로 물들어 빨갛게 젖어 있었다.

점심 먹을 때 편안하게 먹자고 등산화를 벗어놓고 먹었던 것이 비행기를 피하려고 몸을 낮추고 도망가다가 나뭇가지에 찔린 것이었다. 놀란 사람들이 산 위로 올라가고 우리도 궁금해서 옆으로 나가 하늘을 올려다보니 조금 전 머리 위에서 굉음을 내던 비행기가 바로 옆의 깔딱고개에서 밧줄을 내리고 있었다.

그쪽에 다녀온 사람 하는 말이 목 디스크를 앓는 노인이 목 보호대를 한 채 산에 올라왔다가 넘어져서 다치는 바람에 119에 신고를 했다는 것이다. 웅성거리는 사람들 사이에 비행기에선 "등산객 여러분, 길이 미끄러우니 산행 조심하세요."라는 안내방송이 계속 흘러나왔다. 아픈 노인이 산엔 왜 왔을까, 공연히 투덜대면서 사고는 예고도 없이 순식간에 일어나므로 조심하며 살아야겠다는 생각이 들었다.

몸도 마음도 힘든 날 그날을 생각하면 웃음이 절로난다. 이런 일 아니어도 생각지도 않은 일이 일어나고 요동친다. 사는 게 가끔은 날벼락이다.

(2008.)

11월의 향연

우리 집 옥상엔 작은 텃밭이 하나 있다. 화분의 흙을 쏟아내고 다른 흙을 보태서 만든 것이 두 평정도 된다. 손바닥만한 이 밭에서 감자, 고구마, 상추, 호박, 방울토마토, 오이, 가지, 깻잎 등 이런저런 채소를 심어 먹기도 하고, 몇 군데 국화 무더기가 있어 가을이면 국화꽃이 만발한다.

아홉 가지 국화꽃 잔치가 벌어질 때면 귀한 손님이 찾아온다. 벌, 나비, 무당벌레, 거미, 참새, 때로는 비둘기도 날아와 꽃구경하고 가는 것이다. 된서리가 오고 찬비가 내린 11월 말 배춧잎은 얼었는데도 국화꽃은 오히려 더 청초하다 못해 요염하다. 가는 가을이 아쉬워 몸속에 잠복해 있던 그 무엇을, 마지막을 위해 다 토해내고 있는 건 아닌가 하는 생각에 더 고귀하다.

점심 먹고 커피 한 잔 들고 옥상에 올라가니 연노랑, 진노랑, 황금색,

연분홍, 진분홍, 연 자주, 진자주색, 붉은색 등 아홉 색깔의 꽃들이 봉오리를 열어 활짝 웃고 있다. 수십 마리의 벌들은 꽃 속에서 사랑을 나누는지 잉잉거리며 바삐 움직이고, 송이송이 예쁜 꽃술로 장식한 국화는 내게 한껏 기염을 토하고 있어 시간 가는 줄도 모르고 서 있다.

어느 것은 한 가지가 길게 누워 열다섯 개의 가지를 세우고 그 위에 노란 꽃을 피웠다. 누가 보면 인위적으로 만들어 놓은 분재 같은 느낌이 드는데, 길게 누워있는 가지가 주춧돌 역할을 하는 셈이 된다. 신랑 신부가 케이크 커팅을 하기 위해 세워진 초에 불을 붙이면 불꽃이 연달아 다른 초로 옮겨 붙듯이, 가지마다 새끼를 쳐서 피운 꽃들이 세워놓은 촛불처럼 나열되어 있다. 볼수록 앙증맞고 귀여운 꽃들이 감동이다.

얼마 전엔 찾아온 후배에게 색깔별로 한 아름 건네주고, 오늘은 집안 분위기를 내보려고 분재처럼 생긴 그 한 가지를 가위로 잘랐다. 식탁 위 꽃병에 꽂아 놓고 보니 어쩜 이리도 잘생기고 예쁜지, 화려하지 않은 은은한 향이 그 누군가를 닮은 것 같다. 여러 사람이 사진 찍기 위해 사이사이에 얼굴을 내밀고 웃는 것처럼, 노란 꽃송이들이 겹치지 않고 질서정연하게 늘어서 방끗 웃고 있다. 영락없이 줄지어 선 촛불 같다. 단체사진 찍으려고 모여 앉은 사람 같기도 하다.

꽃과의 소통이라 할까, 내면 깊숙한 교감이라 할까, 내 안에서 문학적인 감성이 살아난다. 국화꽃을 통해 글 한 편 쓰고 싶다는 생각마저 든다.

때로는 사람에게서 받는 감동에 울컥할 때가 있는데. 이렇게 자연이 주는 혜택에도 마음이 짠하다. 집안이 금방 국화 향으로 가득하다. 꽃으로 인해 운치 있는 식탁 분위기가 오늘 저녁은 찬이 없어도 밥이 맛있겠다.

11월은 가는 해의 마지막인 12월을 맞이하려 마음이 바쁜 달이다. 두 평 남짓 작은 땅에서 수확하는 즐거움도 컸는데 마무리로 소국들이 잔치를 열어주고 있어 고맙다. 그들만의 향연에 초대되어 함께 있으니 내 마음도 덩달아 꽃처럼 맑은 기운이 감돈다.

(2011.)

중랑천은 지금 운동 중

이른 새벽 중랑천에 나가 기공체조를 한다. 그곳에 가면 조깅을 가거나 자전거를 타는 사람, 인라인스케이트 타는 사람, 에어로빅과 기공체조하는 사람 등을 만난다. 수없이 많은 사람이 둑 곳곳에 설치된 운동기구로 운동하면서 자신의 건강을 지키고 있다.

그중에서 기공체조 하는 팀과 에어로빅 하는 모임은 큰 무더기를 이룬다. 멀리서 보면 커다란 두 송이 꽃으로 보이는데, 부지런한 사람들이 모여 두 팀의 인원이 각각 70~80여 명은 족히 된다.

몸동작을 빠르게 하는 에어로빅은 젊은 층이 많고, 몸동작이 느리면서 몸 구석구석의 기氣를 느끼게 하는 기공체조는 연세 드신 분이 더 많다. 나는 10여 년 전부터 남편과 함께 생활체육인 기공체조를 하고 있다.

새벽 5시 30분이면 어김없이 시작하는 기체조는 강사의 구령과 음악에 맞춰 몸 구석구석을 두드리는 것으로 시작한다. 심호흡을 크게 하면서 몸과 정신을 집중시키며 천천히 하는 동작은 몸속의 노폐물이 다 빠져나가는 느낌이 든다. 양다리를 벌이고 앉았다가 일어나는 골반운동은 '어휴' 소리가 절로 나온다. 힘들지만 반복하여 따라하다 보면 자신도 모르게 거뜬히 해낸다. 팔십이 넘는 어르신들이 힘든 동작을 아무렇지도 않게 해내는 걸 보고 있으면 작은 탄성이 나온다.

가끔은 국학기공 대회에도 나간다. 강사의 끈기와 열정은 대단해서 단체복 입고 나가면 1등은 거의 중랑천 둔치 팀이 차지한다. 미리미리 연습시키고 때론 호령까지 하는 50대 여인은 10여 년 전이나 지금이나 한결같이 새벽에 운동을 가르친다.

대회에서 등수에 들면 상금, 메달, 트로피, 우승기까지 수여된다. 상금을 타 와서 떡을 해먹기도 하고 놀러 다니기도 한다. 다른 팀에 비해 인원도 많고 단결도 잘된다. 여러 해 단련되어서 다들 잘한다.

손녀 보느라 한동안 참석지 못하다가 별러서 나갔더니 서울시 연합대회 20여 개의 팀 가운데 1등을 했다고 회원들 얼굴에 웃음꽃이 피었다. 단체전에서 1등을 여러 번 하여 서울시 대표로 부산에서 하는 전국대회에 나가기도 하였으니 이름난 팀이다.

2015년 여름, 난 서울특별시장기 생활체육 국학기공 경연대회에 단체전과 개인전을 나갔다. 단체전이야 그동안 운동한 분들과 여러 번 함께 다녔지만, 개인전은 처음으로 토요일이라 가능했다. 손녀 돌보느라 운동도 잘 못 하는데 개인전을 연습하라는 강사의 말에 내가 어떻게 할 수 있을까 싶었다. 스마트폰으로 보내준 영상을 보면서 연습에 몰두했다. 한데 내 몸 기운의 흐름을 파악할 때마다 기왕이면 잘해야지 하는 마음이 생겼다.

단체전이 끝나고 개인전이 있었다. 개인전은 서울 전역에서 모여든 사람들이 예선전을 거쳐 본선에 나가야 하는데, 예선을 통과한 세 사람 모두 둔치 팀에 속해 있었다. 강사는 집안끼리 겨뤄야 한다며 좋아했다. 중구 구민회관 무대 위에 서니 가슴이 떨려왔다. 객석을 가득 메운 사람들이 내게 시선 집중하고 있으니 그동안 갈고닦은 기량을 마음껏 발휘할 수 있을까 걱정되었다.

나는 되도록 차분하게 몸의 기운을 느끼면서 천천히 몰입하여 단공 기본형의 열다섯 가지 동작 하나하나를 해냈다. 음악이 끝나감과 동시에 내 몸동작도 끝이 났다. 예정된 시간을 넘기거나 너무 일찍 끝나도 안 되는데 순서 잊어버리지 않고 실수가 없었으니 다행이다 싶었다.

많은 사람의 갈채를 받으며 무대 위에서 내려왔을 때 그런대로 괜찮게 했구나 싶었다. 심사위원의 발표에 난 어리둥절했다. 옆 사람들이 손뼉 치며 내게 다가와 축하를 해주어 그때야 실감이 났다. 내가 금상을 타게 된 것이다. 상장과 상금을 받아들고 나니 그동안 이 운동을 알려주고 격려해준 강사가 고마웠다. 단체전과 개인전 모두 1등을 했으니 돌아오는 버스 안이 다들 기쁨으로 가득 찼다.

이곳엔 베푸는 사람도 많다. 그중에서 '내 집에 온 손님처럼'의 내 글 주인공도 있다. 이분은 오래전부터 큰 보온병 여러 개에 차 끓인 것을 담아 배낭에 메고 오셨는데, 이젠 팔십이 넘으셨으니 그만하시라고 했다고 한다. 그랬더니 이 모임이 여행 가거나 행사가 있을 때마다 찰밥을 맞춰서 차에 실어주신단다. 함께 가보진 못했지만, 그 많은 인원이 먹을 양을, 그것도 한두 번이지 매번 똑같은 선행을 하셔서 다들 놀라곤 한다. 베푸는 데는 일등이신 이 분은 그동안 여러 곳에 봉사도 하고 표창도 많이 받으셨다. 이런 분이 계셔서인지 서로서로 베풀려고 줄을 선다. 떡을 하겠다고 신청한 사람이 많아 우리도 여러 달 기다려야 했었다. 그 외에도 이것저것 먹을 것을 갖고 나와 나눠주는 분들을 보면 그 시간에 운동하러 나오기도 힘든 나는 부끄럽기만 하다.

기공체조는 우리 민족의 심신수련법을 현대인에게 맞게 체계화하여 남녀노소 누구나 쉽게 할 수 있는 운동으로 출발했다고 한다. 몸 튼튼, 마음 튼튼, 뇌 튼튼이라는 기치를 내걸고 건강, 행복, 평화로운 세상을 만들기 위해 무료로 지도받고 있다. 기체조와 명상, 기공단련을 통해 심신을 단련시키는 이 운동은 전국 3천여 곳에서 이른 아침에 실시한다고 한다.

서울은 지금 곳곳에 녹지조성과 운동기구를 설치하여 누구나 운동할 수 있는 여건을 마련해 주고 있다. 걷는 길과 자전거 전용도로를 따로 마련하여 조금만 부지런하면 운동하면서 자신의 건강을 지킬 수 있다.

이른 새벽 중랑천에 나가 기공체조로 단련하다 보면 몸과 마음에 활기를 느낀다. 밥맛도 나고 운동하고 돌아가는 길은 발걸음이 가볍다. 지금 중랑천은 한창 운동 중이다.

(2015.)

가을 여자

구월이 되니 중랑천의 풀숲이 풀벌레 소리로 소란하다. 어제까지만 해도 아무런 소리를 듣지 못했는데 오늘 새벽 풀 속에서 갑자기 귀뚜라미 합창이 신비롭기만 하다. 둑길을 따라 걸으니 여느 때와 다름없이 나팔꽃, 장미꽃, 메꽃, 비비추 등이 아침 인사를 한다.

그 꽃들이 오늘따라 조금은 생기가 없어 보이는데 유독 진보라색의 나팔꽃과 분홍의 메꽃만은 생기가 돈다. 이 길에는 봄부터 늦가을까지 피어나는 꽃들이 꽤 많다. 이른 봄 벚꽃을 시작으로 여름엔 장미와 원추리꽃·나팔꽃·메꽃 등 이름 모르는 작은 풀꽃들도 그 대열에 끼어 자랑하고 뽐낸다.

이 길엔 많은 사람이 아침저녁으로 나와 운동을 하고 걷기도 한다. 어제까지 입던 반소매가 아닌, 긴소매를 입고서 하늘이 높아지고 싸한 공기가 다르다고 계절의 변화에 입을 모은다.

꽃들은 서늘한 기운을 느끼고 나서 얼마 있으면 지고 마는 자신의 존재를 알리려는 듯 더 고운 자태를 보여준다. 얼마 남지 않은 생을 아름답게 마무리하는 사람처럼, 소리 없이 자신의 존재를 내려놓는다. 그 모습이 청초하다 못해 고귀하다.

한참을 걸어도 귀뚜라미 소리는 여전히 나를 따라왔다. 걷다 보니 100여 개가 넘는 감나무엔 어느새 감이 주렁주렁 열렸다. 즐비하게 서 있는 감나무 길에서 어느새 성큼 다가온 가을을 느낀다.

어렸을 때였다. 이른 아침 어머니 따라 배추밭 가는 길은 좁다란 길이어서 아침 이슬에 종아리가 다 젖어 버렸다. 어머니는 해가 뜨기 전에 무 배추를 솎아내고 벌레도 잡았지만, 나는 저만치 밭두렁에 있는 감나무 밑으로 가서 떨어진 땡감을 주웠다. 풀숲을 헤치고 찾아내는 감은 다른 사람보다 먼저 가야만 밤새 떨어진 것을 주울 수가 있었는데, 비 온 뒤에 가면 더 많이 떨어져 있었다. 그걸 소금물에 담가 얼마쯤 있다가 꺼내 먹기도 하고, 그대로 놔두면 물렁물렁하게 익어 홍시로 먹는 그 맛이 일품이었다.

그때쯤이면 두 팔 벌린 허수아비가 참새 떼를 쫓으러 들판에 서 있었다. 벼 이삭, 수수 이삭은 자신을 낮추는 사람처럼 자연히 고개 숙이고 가을이 왔음을 알려주었다.

길가에 코스모스가 피고, 마당에 빨간 고추가 멍석 가득 널려 있으면 가을인 줄 알았다. 지붕 위의 하얀 박꽃이 박 덩이를 잉태하고, 풋콩을 까서 밥해 먹으면 가을이었다. 고구마를 캐고, 밤나무에 밤송이가 아람

벌면 가을은 절정에 달했다.

그렇게 내 어린 날의 가을은, 자연 속에 영그는 열매들이 계절을 대변해 주었다. 도심 속에서는 화면으로나 보고 있는 코스모스와 은빛 머리 갈대밭을 보면서, 시장에 나와 있는 밤알, 꽃집에 진열된 국화를 보면서 가을이 온 것을 느낀다.

예나 지금이나 가을은 풍성한 계절인데 내 인생 뒷자락은 거둘 곡식이 얼마나 될까. 중랑천 둑길에 풀벌레 소리와 감나무를 바라보면서 잠시 어린 시절로 돌아간 오늘 아침은, 나를 사색에 젖어있는 가을 여자로 만들어 버렸다.

(2011.)

빛바랜 허수아비

가을엔 모든 것이 풍요롭고 알차다. 곡식이 여물고 과일이 익어가고, 햇볕도 야물어진다. 알알이 영글어가는 옥상의 대추가 가을을 입는 중이다.

늦은 봄, 봄꽃들이 다 피어나도 아무런 기척이 없어 죽은 줄만 알았다. 딱딱한 껍질을 반자보며 흙이 적어 겨울에 얼어 죽었나보다 했다. 한데 대추는 어른이어서 늦게 일어나 가장 먼저 열매를 맺는다는 말을 들었다. 서두르지 않고 점잖아서 양반 나무라고도 한단다.

어느 날 거짓말처럼 마른 나뭇가지에서 새순이 돋아나더니 얇은 이파리에 윤기가 흘렀다. 올여름 연두색 작은 알갱이들이 땀방울처럼 송골송골 맺혀 있는 대추 꽃을 처음 보았다. 신기하고 귀여워서 한참을 들여다보았다. 며칠 지나니 아주 작은 꽃잎 다섯 장의 별 모양이 그 위의 동그란 꽃받침을 받쳐주고 있었다. 그 사이사이를 꽃대가 쭉 팔 벌리고 있는 3중 구조의 꽃이 앙증맞았다. 무수히 많은 별이 반짝거리고 바람에 살랑살랑 흥에 겨운 듯했다. 걱정인 것이 대추나무 키가 내 키보다 조금 더 크고, 땅이 아닌 화분에 심겨져 있어 흙이 모자라서 죽으면 어쩌나 하는 것이었다.

그러나 불리한 조건에서도 대추나무는 한참 크는 아이처럼 성큼성큼 자랐다. 마른 더위에 타는 목마름을 겨우 버티고 서 있는 대추나무를 위해 흙은 제 몸의 습기를 거둬들여 나무에 보시하였다. 그것이 고마웠을까, 어느새 작은 별들이 조롱조롱 열매를 달기 시작했다. 옆의 감나무가 부러운 눈길을 보내도 아랑곳하지 않고 단풍나무 옆에 기대어 조금씩 조금씩 자신을 키우더니 어느새 늠름한 열매 30여 개를 달았다.

올 추석엔 풋대추 열세 개를 따다가 차례상에 올렸다. 큰 접시에 담긴 것이 볼만했다. 집에 온 손님들에게도 자랑삼아 옥상에서 딴 거라는 말을 잊지 않았다.

요즘은 파랗던 얼굴 군데군데를 물들이며 날마다 조금씩 화장을 하고 있다. 하루가 다르게 남몰래 연지 곤지 찍으며 익어간다. 매끄럽고 윤기가 자르르 흐르는 얼굴이 여간 아니다.

대부분 어금버금한 것이 알이 굵고 커서 어떤 것은 작은 달걀만 한 것도 있어 오달지다. 대추 모양을 갖춘 과일이 자신 있게 서서 '이만하면 쓸모 있지 않은가.' 라고 말하는 것 같아 때론 잘 키운 자식 같아 고맙기도 하다.

이젠 제 몸무게의 변화도 못 이겨 휘청거리며 힘들어하고 있다. 그래서 제 키보다 큰 지지대를 받혀주었더니 조금 안정되었다. 먹기도 아까운 생대추 한 알을 따서 먹어보았다. 아삭하고 달달한 맛이 싱싱한 과일 맛이다. 간식이나 후식으로 먹어도 손색없겠다.

어느 날 대문 밖에 모여 있던 할머니들이 날 보더니 "이 집에서 제일 부러운 건 저 대추나무예요." 하며 주렁주렁 매달린 대추나무를 향해 웃음 지었다. 그 말을 듣고 자랑삼아 대추 몇 개를 따다 맛 봬 드렸다.

한 입 베어 문 할머니 한 분이 "아이구 달아, 웬 대추가 이렇게 크고 맛있어요.~" 하며 더 먹고 싶은 눈치였다. 옥상의 대추나무가 이 말을 들었는지 기분 좋은 것처럼 살랑거렸다. 하지만 이제는 화려했던 잎도 조금은 퇴색하여 황혼 끝의 할 일을 다 한 사람처럼 자신의 자리를 내려놓고 있다.

대추는 적갈색으로 익어간다. 그 색이 붉다 하여 홍조紅棗라고도 하고 목밀木蜜이라 하며 벼락 맞은 대추나무가 몸에 좋다고 하여 도장이나 장신구를 만들어 몸에 지니기도 한다. 결혼식 날 폐백상 앞에서 시부모는 새 며느리의 절을 받으며 절 수건에 밤이나 대추를 던져주면서 "아들 몇, 딸 몇 만 낳아라." 한다. 이는 전해오는 풍습으로 대를 이어야 하는 남자아기를 생산하라는 의미에서 그런 풍습이 생겨나지 않았나 싶다.

대추의 효능은 혈액순환과 냉증 치료, 항암효과, 피부노화방지, 이뇨작용, 감기 예방 등등 많은 효능이 있다고 알려져 있다. 특히 한방 보양식에서는 빼놓을 수 없는 약제로 스트레스 받는 수험생이나 불면증에 시달리는 사람에겐 신경안정제 역할을 한다고 한다. 꾸준히 먹으면 더 좋고 따뜻한 성질이 있어 열이 많은 사람은 피하는 것이 좋다고 한다.

나도 겨울이면 대추차를 자주 끓인다. 대추만 넣고 끓이기도 하고, 대추와 생강, 계피를 넣기도 한다. 감기 걸린 식구가 있을 때 대추차를 끓여 꿀에 타 먹으면 온몸이 후끈, 몸속에 더운 기운이 돈다. 흥건히 빠져나온 대추차를 컵에 따르고 잣 몇 개 띄우면 빛깔도 곱고 보양식이 되어 온몸을 적셔준다.

대추의 큼직한 씨는 왕을 뜻하고, 열매는 '자손 번창'을 의미한다. 제사상에 먼저 올라가고, 약식을 만들 때, 백숙을 마련할 때에도 넣는다.

'대추를 보고 그냥 지나면 3년 늙는다.'는 속담이 있다. 이는 대추의 영양학적인 면과 약리적인 면을 동시에 일깨워주는 말이다. 키는 좀 작아도 아주 야무진 사람을 두고 '대추 씨 같은 사람'이라 하고, 여기저기 빚을 많이 진 사람을 '대추나무 연 걸리듯'이라 한다. 매우 작고 보잘것없는 물건을 '콧구멍에 낀 대추 씨' 먹을 것이 많은 양반도 대추 한 개만 있으면 아침이 해결된다는 뜻으로 '양반 대추 한 개가 아침 해장'이라는 말도 있다. 이런 속담은 모두 대추나무가 우리 생활과 밀접한 관련이 있어 비롯된 것이라고 한다.

대추가 적갈색으로 익으면 가을은 깊어진다. 화분에 심어서 물주기만 귀찮다고 여겼는데 어느새 꽉 찬 열매를 매달고 품위 있게 서 있는 대추나무를 보면서 올 한 해 참 열심히 잘 살았구나, 칭찬해 주고 싶다.

알곡으로 여문 가을 대추를 보면서 말 하나라도 베풀어 상대에게 기쁨을 주고 싶다. 희망을 주고 엔도르핀을 주고 싶다. 가을엔 누구라도 베풀고 싶은 마음이 들 것 같다. 화분에서 제구실을 할까 싶었던 대추나무가 크게 가꾸지 않아도 제 할 일 다해줘서 고맙다.

가을엔 이렇듯 오곡백과가 영글어 기쁨을 주고 있는데, 올가을 유독 나만 여물지 못한 쭉정이 같다. 빛바랜 허수아비만 같다.

(2015.)

* 2016년엔 옥상의 텃밭으로 옮겨 심은 대추나무는 더 많이 자랐으나 지난여름 무더위에 올해도 열매 30여 개를 수확했다.

외동은 외로워

요즈음 나는 손녀 둘을 돌보고 있다. 초등학교 3학년 태희와 17개월 된 신율이다. 이 아이들이 날마다 내게 뽀뽀 세례는 물론이고 웃음을 선물로 주고 있다. 난 아들만 둘을 키워 딸이 주는 재미를 몰랐는데 손녀 둘이 아기자기한 즐거움을 주고 있어 흐뭇하다.

유머가 많은 태희는 엉뚱한 발상으로 가족을 웃겨서 웃음바다가 되곤 한다. 할아버지와 장난치기를 좋아하는 태희가 어디서 그런 유머가 나올까 생각해 보니 책을 많이 읽어서 그런가 보다. 잠깐의 시간만 있으면 손에서 책을 놓지 않는다.

책 만들기를 즐기는 태희는 벌써 일곱 번째 동화를 엮어 놓았다. 색종이 40여 장을 호치키스로 찍어 그림 그리고 글을 써서 만든 동화와 제목은 그럴듯하다. '엔젤 퍼피, 리아와 리나의 피라미드 대탐험, 감자의 여행, 숲속 친구들, 오렌지 마을의 뚜뚜 이야기, 꿈의 농부, 초리의 초콜릿 공장 등으로 제목에 맞는 이야기를 꾸며 넣었다.

가끔 "할머니, 동생 하나 있으면 얼마나 좋을까요." 하더니 어느 날 일기장에 '외동은 외로워'라는 제목의 일기를 써서 나를 놀라게 했다. 그 내용이 다음과 같다.

나는 외동이라서 외롭다. 어떨 땐 이런 생각도 한다. 외동 할 때 '외' 자가 외로운 할 때 '외'자여서 외동아들, 외동딸일지 모른다. 난 엄마한테 늘 이런 말을 한다. "엄마 나 동생 하나만 낳아주세요." 하지만 아직도 엄마 배는 홀쭉하다. 외동이 외로운 이유는 혼자 놀아야 하고 혼자 책 읽어야 하고, 늘 혼자 자야 하기 때문이다. 외동은 외로워!

이 글은 혼자라서 외로운 손녀의 속마음이 잘 드러나 있어 애잔하다. 저녁이면 할아버지와 연극 놀이하다가 갑자기 할아버지 똥침을 해서 깔깔거리고 웃는 태희가 사촌동생인 신율이가 태어난 이후 부쩍 동생을 갖고 싶어 한다.

요즘 우리 손녀처럼 아이 하나만 낳는 가정이 많다고 한다. 내 부모님 세대는 여러 형제를 낳아 싸우면서 자랐다. 없이 살아도 자식 많이 낳는 것을 집안이 번창한다 하여 미덕으로 알았다.

60년대는 '덮어놓고 낳다 보면 거지꼴을 못 면한다.'라는 구호로 산아 제한을 했고, 내가 결혼한 70년대는 '둘만 낳아 잘 기르자'는 포스터로 둘만 낳기를 강조했다. 남아 선호사상이 심했던 때라 아들을 낳지 못한

며느리는 시어머니에게 쫓겨나는 이야기가 분분했지만, 하나 더 낳으면 야만인 취급을 받았다. 그때 낳은 자식들이 결혼해서는 아들딸 구별 없이 하나만 낳고는 안 낳으려고 한다.

80년대는 '하나씩만 낳아도 삼천리는 초만원' 90년대는 '아들 바람 부모세대, 짝꿍 없는 우리 세대' '잘 키운 딸 하나 열 아들 안 부럽다.' 등등이 나왔고, 2000년대 이후엔 저출산 고령화로 출산 장려 정책을 펴고 있다. 아이가 태어나면 국가에서 돈을 주고 어린이집 비용도 나오니 예전보다 복지혜택은 좀 누리는 편이다.

이제는 '아빠, 엄마, 저도 동생 갖고 싶어요.'라는 메시지로 아이 많이 낳기를 권하는 사회가 되었다. 하지만 먹고 살기 힘들다는 핑계로 OECD 국가 중에서 최하위 출산율을 기록하고 있다니 다음 세대가 걱정된다.

요즘 결혼에 대한 가치관도 많이 달라졌다. 소외된 농촌 총각들은 동남아 여성들과 결혼하고, 결혼 비용도 만만치 않아 혼자 살며 자기 계발에 공들이는 사람도 많다. 여자들도 경제활동으로 직장생활을 해야 하니 아이를 낳아도 봐 줄 사람도 없고, 사교육비도 만만치 않으니 아이 갖기를 꺼리는 것 같다.

또한 아이가 자라 어린이집에 보내려 해도 자리가 없어 미리 대기해놓고 기다리는 현상이 벌어진다. 추첨을 통해 들어가면 다행이지만, 그렇지 못한 아이 숫자가 더 많은 세상이니 젊은이들이 아이를 낳겠는가, 나도 자식들에게 아이가 크면 혼자서는 외롭다는 말을 누누이 해왔지만,

자식들 생각은 아닌 것 같다.

현재 우리나라는 의학의 발달로 고령화 사회로 접어들었다. 인구 감소로 학교가 줄어들고, 노동력이 모자라니 경제적 위기도 찾아올 것이라 한다. 이제는 어떤 대안이 필요하지 않을까, 선진국의 좋은 제도를 받아들여 출산율을 늘려야 하지 않을까, 출산 휴가와 장려금도 듬뿍 주고 직장마다 영유아 보육시설이 있어 여자들이 마음 놓고 직장 일을 할 수 있는 사회가 되었으면 좋겠다.

출근할 때 아이를 데려가고 점심시간에 아이와 같이 놀아주고, 퇴근할 때 같이 오는 그런 직장 문화로 바뀌었으면 좋겠다. 그러면 각 가정의 자녀수가 늘어나지 않을까, 우리 손녀처럼 혼자라서 외롭다는 아이도 줄어들 것 같다. 저출산 초고령 사회의 심각성을 국가와 사회가 좀 더 깊이 연구해야 할 과제가 아닌가 한다.

열 살 손녀가 커서 혼자 큰일을 치러야 할 때 외로움의 무게를 생각하면 외동이라서 외롭다는 말의 의미가 새삼 가슴에 와 닿는다.

(2017.)

노래하고 춤추며

신율이는 이제 17개월 된 나의 손녀다. 큰아들의 아이로 3개월이 되어 우리 집에 왔다. 아침에 왔다가 저녁에 제집으로 가는데 그동안 우유 먹이면서 눈 맞추고 옹알이, 뒤집기, 기어 다니기, 일어서기, 한 발짝 떼기, 걷기 등을 하며 많은 발전이 있었다. 이제는 말도 잘하고 자기표현을 하며 혼자서 그네도 타고 뛰어다니기도 한다. 다른 아기들에 비해 제법 빠르다.

이 아기가 음악만 나오면 궁둥이를 쌜룩쌜룩 꿀벌처럼 엉덩이춤을 추며 방긋방긋 웃고 집안을 돌아다닌다. 장난감 버튼을 누르면 여러 가지 동요가 흘러나오는데 그걸 누르고 신나서 춤춘다.

신율이가 좋아하는 음악은 곰 세 마리이고 뽀로로도 즐겨본다. "아빠 곰~, 아빠 곰~" 하며 노래 부르고 몸동작을 유연하게 한다. 허밍으로 "흠음~, 음~" 하며 발을 들었다 놨다, 고개를 까딱이며 음정 박자에 맞게 리듬을 탄다. 텔레비전에서 빠른 템포의 음악이 나오면 몸동작을 빠르게, 느린 곡이 흐르면 몸을 천천히 움직이며 춤사위를 보여준다.

에릭슨의 심리 사회적 발달에서 보면 1.5세의 신생아는 신뢰와 불신의 단계로 환경적 지지로부터 신뢰감이 형성되는 시기라고 한다. 타인에 대한 두려움과 우려를 나타내기도 한다는데, 신율이도 처음엔 낯을 가리다가 이제는 좀 나아졌다.

놀이터에 가다가 만나는 이웃에게 "신율아 인사해야지~" 하면 공손히 허리 굽혀서 인사를 한다. 아장아장 걷는 신율이에게 지나는 사람들이 한마디씩 한다. "인형이 걸어가는 것 같아요. 아이 귀여워라. 몇 개월이에요?"

아침에 제 아빠, 엄마가 데려와서 내려놓고 갈 때도 "갔다 와~" "가~" 라고 말해서 가족이 웃음보를 터트린다. 내가 하는 말을 따라서 하는 것이다.

저녁에 할아버지가 오면 시키지 않아도 허리 굽혀 공손히 인사하고는 "할비!~ 할비!~" 하고 목청껏 할비를 부르며 할아버지 궁둥이를 쫄랑쫄랑 따라간다. 이 시간만 되면 춤추는 시간도 길이지고 몸이 부산스럽다. 때론 소리를 꽥꽥 지르며 손뼉을 치며 사방으로 돌아다닌다. 손으로 정강이를 두드리기도 하고 몸을 양옆으로 이리저리 돌리기도 하고 신나~ 신나~ 신나~ 하면서 빙빙 돌기도 한다. 최고로 신나는 시간이다. 날마다 새로운 기술을 보여주는 신율이가 가족을 웃음의 도가니로 몰아넣는다.

태희가 "할머니! 신율이 좀 보세요. 아줌마들이 추는 막춤을 추고 있어요." 누가 시키거나 가르쳐 주지 않았는데도 온몸을 흔들며 까르르 웃고 팔짝팔짝 뛴다. 관객이 많으니 저절로 신나는 모양이다.

제 아범이 어려서 춤추고 노래도 잘했다. 특히 노래를 잘했는데 제 아범 아기 때의 모습을 닮은 것 같다. 수줍음 많은 태희도 다섯 살까지는 음악이 나오면 춤추곤 했는데 부끄럼이 많아 혼자서는 안 했다. 제 아빠를 부추겨 같이 추거나 노래도 거의 안 했다. 그것도 부끄럼 많은 제 아범을 닮았다.

얼마 전에 문학의 집에서 엽서가 왔다. 신율이가 그걸 들고 돌아다니며 읽는 시늉을 해서 가족이 배꼽을 쥐고 웃었다. 책을 펴면 중얼중얼 읽는 시늉을 한다. 내가 "시험공부 많이 해라" 했더니 이젠 책만 펴면 눈 가까이 대고 "시험공부, 시험공부" 해서 웃긴다. 가끔 구연동화를 들려주면 끝날 때까지 내 입 모양과 얼굴을 가만히 쳐다보고 있다가, 슬픈 내용에 우는 시늉을 하면 저도 따라서 운다.

음식을 입에 넣어주면 음~! 하고 맛있다는 신호를 보낸다. 이건 제 어멈을 닮았다. 맛있으면 또 달라고 또~, 또~ 하며 아!~ 아!~ 하고 입 벌리고 온다. 먹는 것도 골고루 잘 먹는 손녀가 잠투정이 심해서 때론 나를 힘들게 한다. 눈 비비며 졸린 데도 잠자지 않으려고 떼 부린다. 업어주면 한참 만에 겨우 잠든다. 그러면서도 내리라고 운다. 이럴 때 쓰는 묘약이 있다. "도깨비 할아버지! 신율이가 잠자지 않고 울고 있어요. 빨리 오세요!~" 하면 얼른 엎드린다.

신율이는 사촌 언니인 태희를 제일 좋아한다. 낮에 울면서도 언니를 찾는다. "언니 어디 갔지?~" 하면 "핵규" 하고 답한다. 말귀를 다 알아듣는 것이다. 학교에서 돌아온 언니를 만나면 언니! 언니! 괴성을 지르고 팔짝팔짝 뛴다. 좋아서 어쩔 줄 모른다. 때론 "태희야! 태희야!" 언니 이름을 부르며 안아달라고 떼쓰기도 하고 안겨서 내려오지 않으려 한다. 태희도 열 살인데 힘들어서 내려놓으려 하면 "시여 시여" 하며 떨어지지 않으려 한다.

가족의 인기를 독차지하고 있는 신율이에게 태희가 샘을 낸다. "할아버지, 할머니, 신율이가 예뻐요? 내가 더 예뻐요? 신율이가 더 좋아요? 내가 더 좋아요?"라고 묻는다. 혼자서 귀여움을 독차지하다가 사촌 동생이 태어나 가족의 사랑이 둘로 나누어지니까 샘이 나는 모양이다. 그럼 우리는 "신율이도 좋지만 태희가 더 좋지!~" 한다. 농담을 좋아하고 장난치기 좋아하는 태희는 알면서도 그 소리가 듣고 싶어 묻고 또 묻는다. 어린아이답게 자꾸만 시샘 부리는 모습도 귀엽다.

요즘 내리사랑이란 말을 많이 한다. 내 자식 키울 때 느껴보지 못한 사랑을 손자 손녀에게 느낀다는 것이다. 딸을 키워보지 못한 나 역시도 손녀 둘을 통해 내 자식 키울 때 알지 못했던 사랑을 듬뿍 받는다. 힘은 들어도 둘의 재롱에 웃을 수 있는 여유가 생겼다.

노래하고 춤추며 방실방실 웃고 돌아다니는 신율이의 에너지에 조용하던 집안이 들썩거리고 웃음꽃이 핀다. 신율이와 태희가 선량하고 지혜로운 아이로 건강하게 자랐으면 좋겠다.

(2017.)

나의 삶 나의 문학

사람은 언제 어느 때 누구를 만나느냐에 따라서 자신의 인생이 달라진다. 만난 대상을 얼마만큼 받아들이느냐에 따라 운명까지도 바꿀 수 있다. 세상은 열심히 살아온 만큼의 기대와 달리 녹록지 않은데, 글 쓰는 일도 쉬운 일은 아니어서 허투루 해서도 안 될 일이다.

내가 서정범 교수를 처음 만난 것은 지금으로부터 18년 전 일이다. 지금은 아이 아빠가 된 작은아들이 중학교 2학년 때였다. 아이의 학교에서 어머니교실이란 프로그램이 있어 찾아갔다. 강사는 서정범 교수였는데 '비가 오려면 물고기가 하늘로 올라간다.'는 내용의 강의는 어찌나 재미있었는지 난 그날 강의에 푹 빠져버렸다. 평소 어떻게 하면 글을 잘 쓸 수 있을까, 하는 생각을 갖고는 있었으나 작가가 되겠다는 꿈은 감히 상상도 못 했다.

그날 이후 난 작은 꿈을 꾸기 시작했다. 서 교수는 당시 중앙문화센터에 강의를 나가고 계셨다. 무조건 그곳에 등록하고 강의를 듣기 시작하면서부터 내 안에 작은 싹이 트기 시작했다. 고샅에 있어도 보이지 않았던 사물이 보이고, 별것 아닌 주위의 모든 것들이 새롭게 창문을 열어주었다. 작고 앙증맞은 것을 대하면 내 나름의 생명의 빛을 부여해 주고 싶었다. 그것은 나만의 발견이었다. 그때서야 아는 만큼 보인다는 말이 이해되었고 밤을 새우기 일쑤였다.

서 교수 강의를 들으면서부터는 무작정 일기를 쓰기 시작했다. 그 일기는 5년 동안 단 하루도 빼놓지 않은 기록을 세웠다. 어쩌면 그것은 나 자신과의 싸움이었다. 그때의 일기가 하나의 습작노트가 되었고, 지금은 동인이지만 그때는 아이의 담임선생님인 이 선생님이 쓴 수필집을 읽으며 많이도 울었다. 그 책이 마음에 잔잔한 파장을 일으켜 수필에 대한 동경이 조금씩 작용했다고도 볼 수 있을 것이다.

또한 어느 날 라디오에서 임국희 아나운서가 "주부 여러분, 집 안에서 청소 한번 덜하고 책을 많이 읽어 교양을 쌓으십시오."라는 말을 듣고 아차! 싶었던 기억도 지금까지의 내가 있게 된 동기라 할 수 있다. 나중에 강화도 문학행사에서 임국희 아나운서를 만나 이런 이야기하며 같이 점심 먹고 사진 찍었는데 그날 이런저런 이야기를 해주신 그분 말씀에 가슴 뿌듯했다. 무엇보다 중년의 나이에 '나는 지금까지 무얼 했나?' 하는 자괴감의 충격이 이유가 될 수도 있겠다.

경희대학교에 사회교육원이 생기면서부터는 경희대로 옮겨서 강의를 들었다. 그때 이미 문학이란 울타리 안에 성큼 마음을 들여놓은 상태였다. 경희대는 캠퍼스도 좋지만 처음엔 시, 소설, 수필 등 문학 전반적인 강의를 경희대 교수들로부터 들을 수 있어 어두웠던 내 안에 환한 빛이 들어온 느낌이었다.

그 시절 마음속의 렌즈는 언제나 '문학'에 맞춰놓고 쓰고, 지우고, 수정하고 담금질하기를 여러 해 원고지가 희망이고 만족이었다. 그때 문학에 대한 열망으로 가슴은 뜨거워지고 영혼의 불을 지피며 창작에 몰두했던 시간들이 고조에 달했던 것 같다. 무식하면 용감하다고 붓방아 찧으면서 글도 많이 쓴 것 같고, 수필이란 틀 안에 나를 가둬버리고 그 안에서 나오지 않으려했다.

인연으로 만난 사람들의 인간적인 내면에 이끌려 글이 마무리될 때마다 나는 조금씩 철들고 부자가 되는 느낌도 있었지만, 좋은 글에 대한 갈증은 시쁘기만 했다.

등단 후엔 비상할 것만 같았던 마음이 자꾸만 움츠러들었다. 알에서 갓 태어난 새 한 마리가 창공을 향해 날지 못하고 뒤뚱거리며 걸음마 연습만 하는 것처럼 잠시 주춤했지만, 그래도 글 쓰는 일을 멈추지 않았다.

그 후 10여 년 동안 모아온 글을 골라 2007년에 '그땐 정말 미안했어'를 출간했다. 내 책을 읽은 동인과 지인들의 뜨거운 성원은 나를 감동케 했다. 전화와 이메일, 선물과 독후감, 편지에 가슴 뿌듯했고, 아름다운 것을 아름답게 볼 줄 아는 눈을 가진 독자를 만난 기쁨에 흐뭇했다. 생전 연락이 없던 팔순의 친척 아주머니가 전화로 흐느끼면서 독후감을 말씀

하실 때는 내 눈에서도 뜨거운 눈물이 흘렀다.

내 글은 거들떠보지도 않았던 남편이 책을 나르며 친구들과 다니던 회사에 나누어 주는 이변이 일어나기도 했다. 회사에서 사장님이 금일봉을 보내오고 직원들이 따로 보내온 봉투와 편지도 감동이었다.

여러 해 반대표를 맡았던 관계와 원고마감 이유로 서 교수님은 가끔 집으로 전화를 하셨다. 내가 수화기를 들면 "저 김인잔데요." 하며 내 목소리를 흉내 내셔서 나를 먼저 웃기셨다. 글에 대한 평가는 혹독하리만치 엄하셨지만, 그만큼 유머가 풍부하셨다. 그래도 교수님은 항상 어려워서 가까이 가지 못했다.

돌아가시기 얼마 전 분당의 따님 댁으로 교수님을 찾아뵈었다. 많이 수척해지신 모습이 역력했으나 반갑게 맞아주셨다. 그날 교수님은 병원에 다녀오신 터라 많이 힘드실 텐데도 마음 써주시며 이런저런 이야기를 들려주셨다. 힘이 없어 보였지만 만면에 웃음 띤 얼굴은 편안해 보였다. 한 말씀 한 말씀이 문학 강의를 듣는 것 같아 메모를 하고 싶을 정도였다.

함께 간 최 선생님과 나는 강의실에 앉아 강의를 듣는 것 같다며 노교수의 강의에 귀 기울였다. 두 시간 넘게 이야기보따리를 풀어 놓은 교수님은 우리가 일어서려 하자 못내 아쉬워하셨다. 현관까지 따라 나오며 "다음에 또 놀러 와~." 하셨다. 그것이 교수님과 이승에서의 마지막 시간이었다. 그날 교수님은 우리에게 마지막 강의를 해주신 거였다. 교수님과의 인연이 그렇게 막을 내렸다.

교수님 가신 지 어느새 3년, 교수님의 가르침이 새삼 그립다. 그동안 내게 또 다른 세상을 안겨주었던 서정범 교수님, 교수님을 만나지 않았던들 오늘의 내가 있기나 한 걸까. 국어국문학과 전공 생각이나 했을까. 돌아보면 살아계실 때 좀 더 자주 찾아뵐 걸 하는 아쉬움이 크다.

내 책의 발문을 써주실 때 교수님은 이런 말씀을 하셨다. "내가 문단에 100여 명이 넘는 제자를 배출했지만 발문에 진眞, 선善, 미美를 넣은 것은 김인자가 처음이야." 하며 웃으셨다. 과연 내가 그럴만한 인물이 되는가? 그 의미를 곰곰 생각하면서 진, 선, 미의 교훈 잊지 않을 것이다.

돌아보면 문학 활동은 참 많은 것을 알려주고 깨달음을 안겨주었다. 메모하는 습관과 정신적인 풍요, 나이 들어서도 공부하고 배우는 자세와 속 좁았던 마음의 평수도 조금씩 늘려왔다고 할 수 있다. 동인 활동으로 인해 좋은 사람들도 만나고, 서로의 교류를 통해 문학에 힘을 불어넣는다.

내 생활의 일부가 되어버린 수필 쓰기가 이제는 갈수록 어렵기만 하다. 앞으로는 좀 더 깊이와 넓이가 느껴지는 글, 독자에게 따뜻함과 감동을 줄 수 있는 글쓰기를 소망해 본다. 글을 쓰기 전에 먼저 인간이 되라던 교수님 말씀 되새기면서 늘 공부하며 책 읽고 글 쓰는 일 게을리 하지 않을 것이다. 창공을 향해 비상을 꿈꾸던 작은 새는 한 걸음 더 나은 도약을 위해 오늘도 힘차게 날아오른다.

(2012.)

김자인 수필평설

목마른 세상이 만나는 김자인 문학

김우종

문학평론가

과거로 가는 시간 열차

문학은 다른 예술 장르들에 비해서 매우 다양한 기능을 지닌다. 그것은 철학, 과학, 종교 등 모든 분야의 사상과 지식, 철학을 담아내고 정서를 담아내며 이를 하나의 단단한 의미 단위로 숙성시켜 나가는 수단이기 때문이다. "태초에 말씀이 계시니라" 하는 표현도 종교적인 의미의 한계를 떠나서 언어가 인류 발전의 최초의 출발점임을 의미하며 그것이 얼마나 무한한 가능성을 지니고 있는지를 말해 준다.

수필도 언어예술의 한 장르로서 작가의 의도에 따라서 저마다 다양한 기능을 지닌다. 다만 분명한 개성 표현이 미흡하고 분명한 사상과 감정의 응축성이 미흡한 작품이 많은 것은 문학의 기능을 의식하지 않고 쓰는 이들이 많기 때문이다. 기능을 의식하지 않으면 붓 나가는 대로 쓸 수밖에 없고 그것은 목표가 없이 표류하는 조각배가 된다.

김자인의 수필은 먼지만 풀풀 날리는 황량한 벌판에 내던져진 현대인들에게 마른 가슴을 적셔주고 위안을 주며 아픔을 치유해 주는 기능을 지닌다. 문학이란 사회적 변혁의 원동력이 되어서 역사를 바꾸기도 하지만, 이 세상에서 살며 신음하는 많은 사람에 대한 위안과 치유의 역할도 한다. 생명을 구하는 의학적인 기능마저 지니는 셈이다. 훌륭한 어머니는 어린아이들에게 재미있고 좋은 이야기를 자주 들려주는 것만으로도 어린 영혼을 달래주고 살찌게 해줄 수 있는 것 아닌가?

김자인의 수필들은 다양한 소재들이 나타나지만, 그중에서 다음과 같은 작품들은 한 많은 한국 땅에서 어린 시절부터 우리말 우리글을 쓰고 배우고 숨 쉬며 살아오기 위해 많이 고달파진 많은 사람에게 매우 고마운 치유와 위안의 기능을 발휘해 준다.

〈봄, 그 어울림의 향기〉〈어머니의 설〉〈진국〉〈가을 고사〉〈명절 음식과 나〉〈화합의 의미 구절판〉 등은 모두 한국인의 음식에 관한 작품이지만, 음식 문제를 떠나서 정신세계의 위로와 치유의 효험이 매우 높다.

이 작품들은 조리법 강의를 듣는 것이 되기도 하지만 문학 작품으로서의 다른 기능이 있다. 배고픈 이에게는 잘 먹여주는 것도 치유와 위안의 방법이 되는데 이를 떠나서 이런 한국인의 음식에 대한 작자의 해박한 지식과 기법과 이를 표현하는 내용은 제2의 색다른 가치를 지닌다. 한국사회의 메마른 땅에서 남달리 목마르고 지쳐있는 사람들이라면 김자인의 작품 세계로 발걸음을 옮기며 옛날로 돌아가 보면 오랫동안 잊고 잃었던 많은 것을 다시 만나는 기쁨을 얻을 수도 있을 것 같다.

이런 작품들과의 만남은 과거로 돌아가는 기차 여행이 된다. 그것은 향수의 세계이며 우리로 하여금 지금은 너무 멀리 떨어져 있고 다시 갈 수 없는 과거의 세계로 우리를 태워다 주는 시간 열차 같은 것이다.

〈봄, 그 어울림의 향기〉에서 만나는 세계는 어린 시절의 봄동산이다. 봄 냄새가 가득한 나물을 통해서 우리를 잃어버린 옛 고향으로 안내해 준다.

할머니에게 달래, 냉이 한 소쿠리와 돌미나리를 사고 쪽파와 어린 쑥도 샀다. 그 옆에는 쏙세(씀바귀과에 속하는 뿌리채소)가 미삼 뿌리처럼 통통해서 또 지갑을 열었다. 어느새 시장바구니에는 낚은 봄이 가득했다.

사 온 나물들을 다듬어 달래는 고춧가루를 넣고 새콤달콤하게 버무렸다. 냉이와 미나리는 팔팔 끓는 물에 소금을 넣고 살짝 데쳐서 갖은 양념을 한 고추장에 식초와 매실 청을 넣고 심심하게 무쳤다. 무치면서 맛을 보니 냉이 향과 미나리 향이 입안 가득해 얼른 밥이 먹고 싶어진다.

이런 글을 읽으면 군침이 돈다. 지난날의 봄동산에 대한 추억이 없는 사람은 반응이 다르겠지만, 종만 울리면 침을 흘리는 파블로프의 개처럼 그 기억이 깊이 새겨져 있는 사람들은 정말 그의 조건반사설이 옳다는 것을 입증해 주게 될 것이다. 이렇게 군침이 돌게 하는 데 성공하는 것은 다음 몇 가지 조건이 충만하기 때문이다.

첫째, 한국어에 의한 표현기법의 우수성

위의 인용문에는 의태어가 세 개가 있다. 통통 새콤달콤 팔팔 등이다. 의태어 의성어는 어느 나라 말에도 있지만, 한국어의 그것은 더욱 섬세한 감각을 나타낸다. 통통, 퉁퉁, 팅팅이 모두 다르다. 몽둥이로 얻어터지고 팅팅 불었다는 것은 통통 불었다거나 퉁퉁 불어 터졌다는 것과 다르다. 의성어 의태어가 특히 발달한 한국어만이 이런 섬세한 감각적 차이를 드러내기 쉬울 뿐만 아니라. 그런 언어에는 이 언어를 사용하며 살아온 우리 민족의 피가 흐른다. 엄마 아빠는 마더 파더, 메르 뻬르, 지치 하하로 번역될 수는 있지만 문학 작품에서 그것은 전연 별개의 것이며 자기가 어린 시절에 사용한 엄마 아빠는 결코 다른 말로 대체될 수 없다. 투석을 하면 그것은 거부반응을 일으킨다. 혈액형이 같아도 그렇다.

김자인은 우리말을 잘 쓰고 있다. 드물지만 국어사전을 뒤져봐 가며 읽어야 할 만큼 한국어 동원의 범위가 넓으며 사전에 없는 경우도 있다. 그렇지만 표준어가 아니라도 전체적인 한국어의 맥락 속에 용해되어 의미가 통한다.

김자인이 사용하는 한국어는 그만큼 사물에 밀착되어 있으며 특히 전통적인 한국 음식을 설명하는 문장은 그래야만 될 것이다. 이런 우리말 사용의 폭과 정확성과 적절성은 모든 사물의 리얼리티를 살려 나간다. 문장 속에서 모든 언어가 활기를 지니고 표현된 사물이 생동감을 발휘한다, 그러니까 음식 얘기라면 누구나 몇 마디 말만으로 군침을 흘리는 파블로프의 개가 된다. 물론 음식이 아니라 바지, 저고리라면 당장 입고 싶을 것이고 초가삼간이라면 당장 들어가서 하룻밤 자고 싶어질 것이다.

이런 표현 수단이 지닌 리얼리티 때문에 우리는 기억의 재생으로 먼 옛날의 봄동산으로 돌아가고, 어머니의 부엌으로 돌아가고, 밥상으로 돌아가며 행복했던 어린 시절로 돌아간다.

둘째, 소재의 토착성

〈봄, 그 어울림의 향기〉에서는 고려가사의 외롭고 가난했던 여인의 향기가 난다. "2월 나릿물은 어저 녹저 하는데 누릿 가운데 나곤 몸하 하올로 녈셔"라고 한을 읊던 여인이 방금 버들가지가 피어 있는 냇가 땅바닥에서 캐온 나물 냄새가 난다. 땅바닥에서 캐 온 나물 얘기니까 이름 그대로 물씬 토착적 냄새가 코를 찌르는데 다른 음식 수필도 모두 마찬가지다.

김자인의 밥상에는 국수는 있어도 스파게티는 없다. 잘게 썬 고기도 나오는 구절판은 있어도 때때로 피가 질질 흐르는 두터지만 한 비프스테이크는 없다. 작자의 음식은 순 한국적 전통음식이며 그것은 고향의 이야기를 담은 동화책이다. 밥만 먹는 것이 아니라 독자들로 하여금 멀리 떠나신 부모님이나 헤어진 형제자매나 친구들이 나오는 동화책이며 옛날로 돌아간 자서전이다.

〈명절 음식과 나〉는 물론 작자가 맏며느리로서 해마다 치러 온 명절의 음식 얘기가 소재가 되어 있으므로 작자만이 오랜 세월 동안 실전을 통해서 개발해온 잡채 만드는 비결이 소개되고 있고 일반 독자에게는 잡채 비법 때문에 군침을 돌게 하는 효과는 있지만, 그것은 중요한 것이 아니다. 그런 음식에 들어가는 여러 가지 소재가 옛 고향에 대한 기억을 재생시키고 또 그렇게 정성껏 음식을 만드는 작자의 모습에서 자신들 어머니의 실루엣을 보며 눈시울이 뜨거워지고 잠시 젓갈질을 멈추게도 된다는 것이 중요하다.

나의 개인적인 경험으로는 이런 예를 들 수도 있다. 나는 정월 명절이 되어서 큰형님 댁에 갈 때마다 형수님이 어머니로부터 배웠다는 고향 음식을 먹게 될 때마다 그렇게 감상주의자가 되어서 잠시 가슴이 짠해지고 눈물이 나오려는 것을 참으려 애쓰게 된다. 김자인의 〈명절 음식과 나〉는 그렇게 독자를 옛날의 고향 집으로 보내주고 헤어진 가족들을 다시 만나게 해주고 그 시절에 밥상에서 나누던 이야기를 다시 나누게 해주고 때때옷 입고 마당에서 팽이 치게 해 주고 들에 나가 연을 날리게 해준다.

셋째, 시간의 미학

김자인의 수필에는 시간의 미학이 있다.

이 작가의 작품들은 앞을 보고 달리는 고속 열차가 아니다. 모두 뒤로 달리는 환상의 열차다. 뒤로 달리는 열차이기 때문에 그것들은 모두 환상의 세계다. 이미 아주 멀리 사라져 버리고 지구상에는 존재하지 않는 세계다.

〈가을 고사〉는 그냥 옛날이야기가 아니다. 예부터 우리들의 풍속으로 전해오던 고사떡이라면 환상이 아니라 현실이지만 작자가 그런 소재들을 찾는 이유는 한국 고유의 음식에 대한 애정 때문만이 아니다. 고사떡도 그렇고 잔칫날 해 먹는 국수 이야기를 담은 〈진국〉도 그렇다. "다 삶아진 국수를 씻어 커다란 대소쿠리에 서리서리 얹어 놓으면 하얀 면발이 보기만 해도 군침이 돌았다."라고 한 문장을 읽으면 나도 군침이 돈다. 값나가는 진수성찬이 아니라 거지들이 몰려오면 마음 놓고 인심 써도 괜찮은 것이 국수인데 작자의 한 줄 문장만 읽어도 옛날의 국수가 생각나고 누가 먹으러 가자고 불러내면 당장 쫓아가고 싶은 음식이다.

그런데 그런 맛이 문제가 아니다. 작자는 옛날로 돌아가는 시간의 여행을 즐기고 있다. 우리는 놓친 열차는 아름답다는 말을 흔히 한다. 왜 놓친 열차가 아름다우냐고 따지면 충분히 공감할만한 답을 내놓는 사람은 거의 없다. 그냥 이구동성일 뿐이다.

정답이 어려운 것은 정답 이전에 이미 아름다운 것으로 정해져 있기 때문이다. 우리가 느끼는 감성 구조가 원천적으로 그렇게 되어 있다. 다시 만날 수 없는 먼 과거는 모두 아름답게 느끼도록 만들어져 있으며 이를 통해서 예술의 감동적 효과를 노리는 것이 시간의 미학이다.

김자인의 작품 소재들은 음식만이 아니라 대개 그 같은 과거에 속한다. 〈어머니의 설〉도 예전에 어머니가 만들어주시던 엿이 특히 좋아서만이 아니다. 그런 과거의 환상이 미적 감동을 강렬하게 유발하기 때문이다. 심하게 말하면 엿 맛이야 "엿이나 먹어라"라는 악담처럼 맛이 쓰고 맵고 개차반 같아도 상관없다. 옛것이고 기억 속에만 남아 있는 것이기 때문에 무조건 어머니가 설 때 만들어 주시던 엿의 매력은 초콜릿 한 바구니를 내놓아도 당해낼 도리가 없다.

작자는 지금 손녀까지 있는 나이에 대학생활을 했다. 〈또 다른 시작을 위하여〉 〈꿈꾸는 작은 새〉 〈내가 웃는다〉 〈서원을 찾아서〉는 모두 예절 공부할 때와 대학생활 얘기다. 늦은 나이이니 힘도 들었겠지만 독자의 입장에서는 재미도 있고 박수치며 격려해 주고 싶다.

그런데 왜 그렇게 만사 제쳐 놓고 이에 매달릴 만큼 열성적이었을까? 손녀의 재롱 보는 즐거움보다 대학생이 되어 시험공부에 매달리는 것이 더 심오한 삶의 의미가 있었나 보다. 대학을 나오면 학벌이라는 자랑거리가 붙지만 그런 것에 굳이 의미를 두고 있는 것 같지도 않다.

독자의 입장에서 작자를 보면 그것은 과거에의 회귀다. 과거에 대한 향수가 그렇게 아줌마를 변형 변질시켜 놓고 있다. 지난날의 시간에 대한 강렬한 그리움이 밑바닥에 깔려서 힘찬 동력이 되어 있다. 시간대로 보면 결코 일치하기 어려운 젊은이들과 함께 하나가 되었으니 작자는 분명히 과거의 시간으로 시곗바늘을 돌려놓고 있는 것이다. 이것이 시간의 미학이 지니는 매력이다.

작자는 편지 쓰기를 좋아한다. 그것으로도 유명해진 것 같다. 내가 사는 집에서 100m쯤 떨어진 곳에는 빨간 우체통이 하나 있다. 내 집을 처음으로 찾아오는 사람들에게 나는 그 우체통으로부터 언덕 쪽으로 100m쯤만 걸어오면 된다고 일러준다. 내게 있어 그것은 우체통이 아니라 길 안내의 표지판 구실을 한다.

이제는 편지 쓰는 사람도 드물어서 얼마 전에 없어질 뻔한 이것이 지금 그 자리에 그대로 버티고 서 있게 된 것도 김자인 때문인 것 같다. 현대를 살아가는 우리에게 편지를 왜 써야 하는지를 간곡하게 일러 주고 있는 수필을 김자인이 몇 차례 쓰고 있기 때문이다. 〈이 봄, 손편지 감동 선물 어떨까요〉라는 수필도 그렇게 우체국 행정 조치를 바꿔 놓은 수필 중의 하나일 것 같다.

그런데 이것도 과거 시간으로 돌아가려는 향수의 정 때문일 것이다. 간단히 문자판만 몇 번 두드리면 끝나는 일을 사양하고 굳이 편지를 쓰는 이 작가는 확실히 구식이다. 그런데도 편지를 사랑하고 그처럼 옛 문화를 놓치지 않으려는 김자인은 시간의 미학 속에서 살고 있다.

이 작가가 풍부한 우리말의 보고를 지키고 있는 것도 그 언어들이 아득한 과거의 시간을 간직하고 있기 때문이다. 또 대다수의 작품 소재들이 과거의 문화유산인 것이 많은 것도 그 속에 흘러간 시간이 풍부하게 간직되어 있기 때문이다. 〈풍물 시장〉도 흘러간 과거로 회귀하는 시간 열차의 이야기다.

"괘종시계를 보자 어린 시절 소리로 시간을 알려 주던 종소리가 실지로 들려오는 듯했다. 숯을 넣어 다림질하던 다리미와 인두, 찌개를 끓이거나 고구마와 감자를 구워 먹던 화로, 엄마 몰래 앞머리를 태우며 지지고 볶던 부젓가락, 무명천을 박자에 맞춰가며 다듬이질하던 다듬잇돌과 방망이, 옷을 깁거나 만들던 손틀과 발재봉틀, 인절미를 찧거나 마른 쌀가루를 빻아 체에 내리던 돌절구, 절굿공이, 작은 이남박, 오래된 도자기 속에서 느껴지는 뒤주 위의 풍경 등을 물끄러미 바라보고 있으려니 40여 년 전 곤궁했던 시간 속으로 달려가게 된다."

풍물시장은 구경거리가 된 시간의 공동묘지다. 죽은 시간대는 모두 다르지만 산 자들에게는 흥미진진한 망자들의 전시장이다. 이곳에 찾아오면 우리는 흘러가 버린 자신들의 어린 시절과 만난다. 눈물을 자아내는 망자와의 만남도 있겠지만 아무리 가난하던 시절과의 만남이라도 반갑다.

작자가 그려나간 작품들은 모두 다른 지난날의 풍경이지만 이것이 원천적으로 예술적 감동을 주는 것은 아마도 다시는 만날 수 없고 돌아갈 수 없는 옛것에 대한 무한한 그리움 때문일까?

문학비평방법론에는 원형비평이 있다. 가스통 바슈라르가 이미지의 현상학에서 서술해 나간 물, 불, 흙, 바람은 그가 임의로 뽑은 대표적인 우리 세상의 원형들이다.

그것을 원형이라고 말하는 것은 물론 동양철학의 금목수화토처럼 만물 창조의 근원이라는 의미를 지니기 때문이지만 이것이 문학적 감동을 상승시키는 이유는 거기가 우리들의 태초의 시작이며 태초의 고향이고 그곳은 어머니의 자궁 속 같은 곳이기 때문일 것이다. 우리는 모두 그곳에서 태어나고 그곳에서 출발하여 오늘에 이르렀다. 그러므로 그런 이미지들과의 만남은 곧 고향 회귀가 된다. 다시 돌아갈 수 없는 고향에 대한 영원한 향수의 병을 거기서 치유하기 때문이다.

윤동주의 시가 문학적으로 성공하며 사랑을 받게 된 중요한 이유의 하나도 그런 원형과의 만남을 이루게 해 주기 때문일 것이다. 하늘과 바람과 별은 모두 태초에 우리의 출발점이며 우리들의 고향이다, 그래서 주제 설정 이전에 이미 그런 소재와의 만남은 감동적인 것이며 김자인의 수필 세계가 그런 만남의 장치가 되어 있다. 그러므로 원형비평적 가치판단에 의하면 그의 수필은 우리를 잃어버린 고향으로 안내해 주며 현대사회에서 상처받고 사는 우리들의 외로움과 쓸쓸함과 목마름을 치유해 주고 상처를 어루만져 준다는 소중한 점에 있다.

이 같은 기능 외에도 작자는 주제를 통해서 이와 거의 같은 공통적인 역할을 해 주고 있다. 작자는 굳이 부담감을 주는 철학적 표현은 삼가고 있다. 〈나물이고 싶다〉의 말미는 어울림의 아름다움을 전하는 말로 다음과 같이 장식되어 있다.

> 나물이 각종 양념과 어우러져 맛있는 음식이 되듯, 편안한 사람들과의 만남은 어울림 자체만으로도 좋은 향기를 낼 수 있어 흐뭇할 때가 있다. 나도 은은한 향을 내는 맛있는 사람이고 싶다. 너그러움과 부드러움으로 깊은 맛을 내는 겸손한 나물이고 싶다.

이 같은 결론은 음식을 만드는 과정에서 터득하게 되는 삶의 방법과 함께 인생의 맛이란 어떤 것인가? 라는 질문에 대하여 적절한 답을 보여주고 있다. 그리고 그 속에는 심오한 철학적 사고가 잉태되어 있다. 그렇지만 그런 인생론이 독자에게 부담감을 줄 만큼 전문적인 철학자들이나 사상가들의 언어로 나타나고 있지는 않다. 누구나 큰 부담 없이 받아들이고 설득당하게 되는 것이 작자가 그 그릇에 담아내는 주제다.

작자는 이런 다양한 소재를 동원해 나가되 처음부터 정해진 어떤 주제를 형성해 나가기 위한 과정으로서 그런 이야기를 펼쳐 나가는 것이 아니고 결론 부분에서 적절한 비유법으로 간명하게 주제를 이끌어 나가고 있어서 가장 짧은 산문 예술이 수필이라는 특성을 아주 매력적으로 잘 살려 나가고 있다.

문학은 매우 다양한 기능을 지니고 있으며 그것은 세상을 바꿔 나가는 큰 원동력이 되기도 하지만, 힘든 세상에서 살아나가는 많은 고달픈 인생을 달래주고 아픔을 치유해 주는 기능도 매우 중요하다, 특히 한국사회 속의 김자인 수필이 그렇다.

한국사회는 너무도 메마르고 삭막하다. 분단국가라는 운명도 슬프지만, 우리 사회는 전반적으로 약자들에게는 너무도 살기 어려운 땅이다. 이런 세상이야말로 사막의 오아시스처럼 우리에게는 마른 목을 적셔주고 외로움을 달래 주고 상처를 씻어 줄 문학이 필요하다. 김자인의 문학은 이런 삭막한 세상을 살아가며 목마른 사람들을 위해서 매우 절실히게 요청되는 깊은 샘물과 같다.

한국수필 문단에서 김자인이 차지하는 작가적 위상은 이런 관점에서 높이 평가될 것이다.